AF297369

LA FAMILLE

SAINT-JULIEN

AUX BAINS DE ROCKBEACH,

OU

LE FAUSSAIRE ANGLAIS.

LA FAMILLE

SAINT-JULIEN

AUX BAINS DE ROCKBEACH,

OU LE

FAUSSAIRE ANGLAIS;

Par M. B**sou de C***ve.

TOME SECOND.

A PARIS,

Chez GERMAIN MATHIOT, Libraire, quai
des Augustins, n° 25.

1812.

LA FAMILLE
SAINT-JULIEN

AUX BAINS DE ROCKBEACH,

ou

LE FAUSSAIRE ANGLAIS.

CHAPITRE XVI.

ENFIN le jour du bal était arrivé; et tandis que toutes les femmes qui devaient orner cette fête, s'étaient occupées de l'appareil dans lequel elles y paraîtraient, Agnès était encore à faire choix de son habillement.

Son goût, qui ne s'était jamais exercé que sur des choses simples, lui avait procuré l'avantage de donner toujours plus d'éclat à sa toilette, qu'elle n'en recevait.

Elle ne mettait aucun prix à ces grandes parures, dont la brillante élégance a tant de lustres, qu'elle offusque jusqu'à la beauté même qui s'en décore; comme l'on voit la charmante Opale d'Orient, en vain diaprée de toutes les nuances de l'arc-en-ciel, perdre ses modestes charmes au milieu d'un entourage de diamans.

Lady Dentiffe avait donné à sa nièce des plumes et des perles; mais tout ce brillant étalage fut exclu de sa parure, malgré le soin que Jeannette avait pris de lui préparer ces ornemens, et la séduction qu'elle mit à les lui vanter.

Une robe de crêpe blanc, sur une de taffetas, et garnie d'un ruban rose gauffré; une ceinture pareille, et quelques nœuds parsemés derrière, depuis la taille jusqu'à la garniture, composaient sa mise.

De beaux cheveux noirs, dont l'art

du coiffeur avait tiré tout le parti possible, en entrelaçant les tresses qu'il
avait formées, pour y mêler une double guirlande de roses et de muguet,
voilà ce qui complétait sa toilette.

Agnès entra dans la salle du bal, accompagnée de sa tante, de son frère et
d'Audley.

Les grâces naturelles faisaient tous
les honneurs de sa personne. Elle ne
perdait rien à négliger cette orgueil-
leuse coquetterie, qui commande l'admiration des hommes, sans les inté-
resser.

Elle attira tous les regards dès son
apparition. Les qualités de son cœur
étaient tellement empreintes sur sa physionomie, qu'elle n'attendrissait pas
moins qu'elle ne plaisait, par la réunion
des attraits de l'âme aux agrémens de
sa figure et de ses formes.

Chacun l'entoura bientôt, et l'on

s'empressait de lui demander sa main pour la danse.

Audley avait prévenu toutes les invitations étrangères, en faisant agréer la sienne pour trois tours. Il eut lieu d'apprécier son bonheur en se la voyant envier de toutes parts.

Hélène, arrivée déjà depuis long-temps, vint au-devant de son amie. L'aimable gaîté de l'une occupait avec autant de charmes les oreilles, que la beauté de l'autre captivait les yeux.

C'était la première fois qu'un tel spectacle et une si grande réunion frappaient les regards d'Agnès. Sa défiance naturelle sur les avantages qui pouvaient lui manquer, sous le rapport des airs et des manières du grand monde, lui donnait une aimable timidité qui était en elle une nouvelle grâce, loin de trancher désagréablement avec l'assurance des autres femmes.

Lady Spanton fit son entrée, accompagnée de miss Ledland, et entourée d'un grand cercle d'hommes.

De l'un des points de cette auréole s'élevait un grand corps fluet, dont le costume étrange retraçait l'une des premières modes du siècle passé.

Ce singulier personnage ne fut pas plutôt établi dans la salle, qu'il promena sur toute l'assemblée deux yeux louches, dont le regard contraire soumettait à ses observations simultanées les deux rangs opposés de spectateurs.

Dès qu'il eut aperçu Agnès, il vint à elle en prenant congé de lady Spanton.

Agnès, surprise de cette intention, recula à son approche ; mais la saisissant par le bras, il l'empêcha de s'éloigner.

Il ne l'eût pas plutôt fixée près de lui, par ce mouvement, qu'il la regarda en face, et successivement dans toutes les directions de ses traits, en s'extasiant sur les caractères heureux de sa physionomie.

— « O grand Lavater ! s'écria-t-il, pourquoi un tel objet d'étude ne s'offrit-il point aux sublimes méditations de ton art ? Dans cette physionomie virginale, tu eusses trouvé le type de la candeur, de la bonté, et chaque trait eût personnifié, à tes yeux scrutateurs, les vertus dont tu cherchas plus péniblement les traces dans les visages humains, que l'avide possesseur d'une mine ne poursuit le filon qui lui promet des trésors ! »

Cette exclamation de l'étranger, attirant tous les regards sur Agnès, lui faisait éprouver la plus vive confusion. Elle tentait de vains efforts pour s'échapper des mains de l'observateur, qui, livré à l'enthousiasme de son art, se repaissait des observations de sa science , en inspectant toutes les parties du visage d'Agnès.

Enfin , un laquais , arrivant avec des rafraîchissemens , fit quitter prise à l'étranger , pour s'emparer d'une glace , dont la saveur ne parut pas avoir moins d'attrait pour lui , que l'analyse des physionomies. A peine eut-il pris la glace , que jettant un regard foudroyant sur le laquais distributeur des sorbets , il lui demanda depuis quand il servait son maître actuel.

— « Depuis dix ans , répondit celui-ci.

— » Hé quoi ! malheureux , tu ne t'es point encore fait pendre depuis lors , dit-il ? cependant ta physionomie annonce un grand coquin , et l'on te verra bientôt à *Tiburn* (1).

— » Mais pour peu que cela tarde ,

____

(1) Lieu des exécutions à Londres.

comme je l'espère, répondit en riant le laquais, ce ne sera pas sans que je vous aie vu avant aux petites maisons. »

On rit de la saillie, et d'autant plus que, malheureusement pour la justesse des observations du disciple de *Lavater*, le laquais était unanimement connu pour un brave homme, qui avait sauvé deux fois la vie à son maître, en le défendant, au risque de la sienne, dans deux attaques de voleurs de grands chemins.

Fairfax ayant ensuite paru, l'étranger l'entreprit ; et après avoir loué son nez romain, il fit sur cet indice l'éloge de sa franchise et l'apologie des plus grandes vertus. Passant à *Audley*, il le jugea expansif, enjoué ; lady *Spanton*, philosophe ; miss *Ledland*, ingénue ; *Hélène*, précieuse ; *Frédéric*, froid ; *Perkins*, profond politique ; et *Marigold*, orateur.

Du reste, il reconnaissait que le système de *Gall* n'était pas moins sûr que celui de *Lavater*, et que ces deux illustres savans ne différaient qu'en établissant en sens contraire l'échelle de leur science, puisque l'un procédait en calculant les passions de l'homme par les muscles de sa face, tandis que l'autre les supputait par les bosses et les dépressions des os de la tête; mais qu'il n'était pas plus difficile de savoir par les traits d'un visage ce qui se passe dans l'âme, que de le connaître par les éminences et les cavités d'un crâne.

En effet, lorsque l'on connaît l'intérieur et l'extérieur d'une maison, n'est-il pas des *plus aisés* de savoir ce que font les gens qui l'habitent?

Heureusement que l'orchestre, en ouvrant le bal, vint délivrer chacun des importunités de cet original, qui, inconnu à tout le monde, n'avait d'autre titre à la considération, que d'avoir été vu dans le cercle de lady Spanton.

Dès que les danses commencèrent, il circula silencieusement dans la salle, et ne parut pas moins jouir de ses pensées creuses, que si elles lui eussent présenté les résultats mathématiques le plus profondément combinés.

A peine Agnès et Hélène avaient-elles pris rang à la danse, que cette dernière attira, par une exclamation, l'attention de ses amis, sur un brillant et beau personnage qui faisait son entrée dans la salle.

— « Voici, lui dit-elle, le sauveur de Darnly. Oh ! que ne puisse-t-il venir ici, lui qui l'a cherché par-tout. Mais il ne le verra point, car il est parti hier soir pour Londres. Avez-vous jamais vu d'homme qui fût comparable à ce charmant étranger ?....... »

Rien n'egalait, en effet, ni la taille,

ni l'élégance des formes, ni la noblesse des traits de l'inconnu.

Regardé universellement par les hommes et les femmes, il soutint avec aisance cette observation générale ; et alla se placer sur un siége, près de l'enceinte de la danse.

Fédéric, en attendant le second tour de danse, pour lequel il avait fait agréer sa main à miss Ledland, occupait le le siége le plus voisin de celui où venait de s'établir l'étranger.

Quelques questions que l'inconnu lui adressa, les ayant insensiblement engagés dans une conversation, la facilité de la jeunesse ne tarda point à les mettre dans une espèce de liaison.

Déjà Frédéric lui avait montré sa sœur parmi les danseuses, et désigné miss Ledland à son admiration.

L'étranger ne parut point partager ce sentiment, et ne cacha pas donner beaucoup la préférence à miss Saint-Julien sur miss Ledland.

Frédéric demanda à l'inconnu s'il se proposait de danser.

Celui-ci lui ayant répondu que sa qualité d'étranger lui interdisait l'offre de sa main à des dames qu'il ne connaissait aucunement, l'autre lui proposa de le présenter à sa famille et à la société.

L'étranger se refusa à cette civilité, de ce ton qui amène à réitérer les offres que l'on ne peut agréer qu'à leur reproduction; et toutes les convenances ainsi remplies, l'inconnu accepta l'invitation. Les choses à ce point, Frédéric pria l'inconnu de vouloir bien lui dire son nom. Celui ci, avec l'hésitation d'un homme qui éprouve de la répugnance à sortir de l'*incognito*, lui dit s'appeler Melincourt.

Dès que la première danse fut finie,

Frédéric conduisit sa nouvelle connaissance dans le cercle de sa famille et de
sa société.

Les politesses d'usage respective-
ment remplies, l'étranger pria les dames
de lui donner la permission de préten-
dre à leur main pour la danse.

Un tour lui ayant été assigné par
Agnès et Hélène, il en témoigna sa re-
connaissance dans les termes les plus
élégans, en y ajoutant les galanteries *les
plus spirituelles.*

Hélène était enchantée d'avoir un tel
cavalier, et disait avec gaîté à Agnès :
» Dépêchons - nous d'être amies, ma
chère, car nous voici à l'instant d'être
rivales. Il est impossible qu'un pareil
galant, en se déclarant l'amant de l'une
de nous, ne nous rende point ennemies,
aussitôt qn'il aura fait son choix. Je vous
avertis que je vais dès demain m'exercer
aux armes, pour vous disputer cette

conquête, si, comme je le crains, il se déclare pour vous. Ainsi, il ne vous suffira point d'être plus belle et plus aimable que moi, il faudra encore que vous soyez la plus brave de nous deux. Je vais endosser de suite l'habit d'amazone.

L'orchestre donna le signal du second tour de danse, et l'on vit les personnes qui devaient le composer prendre leur rang.

Yoxford, malgré l'opposition de Perkins, était enfin devenu l'amant déclaré de sa fille, par la protection de la mère. Déjà les fiançailles étaient à la veille de se faire.

Le pauvre chevalier avait été obligé de prodiguer tant d'éloges à la mère, pour obtenir sa bienveillance, qu'à force de la complimenter il lui avait donné autant de prétentions qu'à sa fille.

L'amour maternel l'empêchant d'être

la rivale de sa fille, elle voulut bien renoncer à l'amour d'Yoxford, mais elle exigea du moins le partage de ses attentions.

Jusques là, elle ne l'avait rendu que chez elle, tributaire des soins de la galanterie. Cette fois, elle imagina d'exiger *foi et hommage* public, et elle requit par conséquent la main du chevalier pour un tour de danse.

En vain son gendre futur lui observa que son embonpoint et l'extrème chaleur lui feraient un tourment de ce plaisir; elle ne voulut entendre nulle raison, et prévenant toute nouvelle objection, elle s'empara de la main du chevalier, et l'attira vers le lieu de la danse.

Celui-ci, déconcerté pour la première fois de sa vie, se laissait conduire au rang des danseurs, comme la victime à l'autel du sacrifice. On voyait sur son visage et dans sa contenance la confusion et la rage.

Chacun rit de cette scène plaisante, et la maligne Hélène, s'adressant à Yoxford, lui dit : — « Allons, courage, chevalier ; imaginez que vous existez dans le siècle passé, votre situation en deviendra meilleure ; l'âge et le costume de votre danseuse aidant à cette illusion, il ne vous faut qu'un petit effort d'imagination, pour vous mettre au niveau de votre position.

Si le pauvre Yoxford manquait d'assurance, Madame Perkins en avait pour deux, et elle traînait son danseur à sa suite, pour prendre son rang.

Une robe de soie bleue, gros de tour, à ramages d'or ; des souliers de velours brodés à paillettes, une fraise de dentelle noire, les cheveux plaqués de pomade et de poudre, dont le toupet rembouré en fer à cheval était couronné d'une coiffure de dentelle semblable à la fraise ; des gants de filoche noire, prenant du milieu de la main au coude, et fixés au poignet par de larges bracelets, dont les médaillons entourés de diamans renfermaient les portraits de M. Perkins et de sa fille; voilà l'appareil de Madame Perkins.

C'est dans cet équipage qu'elle se mêla à la danse, malgré son mari et sa fille, qui, sentant le ridicule de ce spectacle, n'avaient rien négligé pour la détourner de le donner.

—« Te moques-tu, lui disait Perkins, de danser à ton âge, à la main d'un jeune homme, et avec toute ta boucherie? Tu pèses cinq cents livres, et tu veux faire des entrechats! Ho! tu es folle, en vérité!... »

— « J'ai un peu d'embonpoint, il est vrai, lui répondit-elle ; mais aussi j'ai les jambes grosses en proportion, et je ne me porte pas plus difficilement aujourd'hui, que je ne le faisais à mes quinze ans, lorsque j'étais si mince, comme il t'en souvient.

Perkins, ne pouvant rien sur une femme qu'il connaissait opiniâtre, la laissa faire, et s'assit près de là.

La danse commença... Madame Perkins s'évertua tant, dès les premiers pas, qu'elle épuisa toute sa vigueur ; de manière que, ne pouvant plus suffire à ce mouvement, elle se trouva bientôt foulée par les danseurs qui la précédaient, sans être soutenue par ceux qui la suivaient.

Après avoir lutté contre la rapidité, contre l'impulsion, et contre le poids de sa propre masse, elle tomba et roula sur le parquet.

Sa chute entraîna celle de cinq à six danseurs, qui la précédaient et la suivaient. Si elle s'était trouvée à la tête de la colonne, elle eût renversé toute la ligne, comme si elle eût été composée de capucins de cartes.

On voulut lui donner des secours ; mais elle les refusa, soutenant qu'un faux pas l'avait fait tomber, sans pourtant l'empêcher de ménager sa chute avec assez de légèreté, pour lui sauver tout accident. Elle se souleva en donnant cette assurance, et après maints efforts pour résister à sa pesanteur, elle parvint à se remettre sur pieds.

Fairfax profitait de tous les repos de la danse pour faire sa cour à miss Saint-Julien ; et Audley semblait condamné à la lui ramener après chaque tour de danse, pour qu'il l'amusât par sa conversation enjouée.

Le souper s'approchant, il s'était assuré, près d'Agnès, du tour de danse qui devait précéder l'entrée dans la pièce du gala. Ce calcul ne lui réussit pas mieux que toutes ses autres combinaisons; car ayant pris place à côté d'Agnès, Fairfax habitué à ne rien prendre le soir vint s'asseoir derrière elle.

Mélincourt, qui venait d'être à la danse le cavalier d'Hélène, était assis près d'elle vis-à-vis d'Agnès; et quoique son esprit fût employé à se rendre agréable à sa charmante voisine, on voyait qu'un sentiment relatif à Agnès l'occupait plus que la conversation, car il avait constamment les yeux dirigés sur elle.

Frédéric établi entre miss Ledland et Mélincourt s'évertua à se montrer aimable à tous deux; il y réussissait, car miss Ledland recevait ses soins fort gracieusement, et sa nouvelle connaissance le félicitait de son aimable gaîté.

Lady Spanton qui avait passé tout le temps du bal sur un canapé, où elle s'était établie à la sultane, sans donner de soins à qui que ce fût, et rendant à peine ceux qu'elle recevait, se dédommageait à la table de l'ennui que paraissait lui avoir donné le salon.

Les vins qu'on lui versait s'écoulaient de son verre comme de la coupe des Danaïdes, sans lui faire endurer le même tourment qu'elles éprouvèrent.

Quelques vapeurs amoureuses se joignaient aux fumées bachiques, et des œillades provocantes furent tour à tour prodiguées vainement à Frédéric, à Audley, Fairfax, au chevalier Weber, à Mélincourt sur-tout, et enfin à quiconque voudrait les interpréter en sa faveur : semblable à la cavale qui hénit pour tous les étalons.

Ces signaux de miséricorde n'ayant point été entendus, lady Spanton chercha à lier un autre genre de partie, en provoquant le chevalier Weber au jeu.

Le chevalier, qui aimait mieux aventurer son or que ses sens, accepta la proposition de sa seigneurie. Dés l'instant le couple fut au tapis vert.

La compagnie repassa dans le salon de danse, où l'on retrouva les plaisirs que l'on avait quittés pour le souper.

On vit les danses se rouvrir, les groupes de causeurs se recomposer, et le Lavater moderne parcourir sur nouveaux frais la salle, pour observer des physionomies.

La figure majestueuse et belle de Mélincourt le frappa, et s'étant approché de ce gentilhomme, il lui dit reconnaître dans ses traits les trois vertus théologales; de manière que sans doute, s'il avait été peintre, il en eût fait un beau Saint-Jérôme.

L'original était enfin connu; l'on savait qu'il était parent du feu lord Spanton, et qu'il passait sa vie à faire du bien et du mal aux hommes, suivant

l'impression que lui faisaient leurs physionomies ; les jugeant en ce monde sur
ce signe, comme Minos dans l'autre,
d'après leurs actions.

La balance du physionomiste n'étant
point tout-à-fait aussi juste que celle du
juge des enfers, il lui arrivait souvent
de persécuter dans un endroit les mêmes
gens qu'il avait secourus dans un autre.

Du reste c'était un bon homme, fort
riche et généreux, promenant à grands
frais ses observations dans toute l'Europe ; mais ne regardant pas davantage
derrière lui, que Loth sortant de So-
dôme : de façon qu'il ne profitait point
de mille et une erreurs qui lui avaient
fait prodiguer l'or aux fripons, et refu-
ser ses secours à d'honnêtes malheureux, parce que les uns avaient un beau
masque, et les autres une physionomie
désavantageuse.

Parmi les valets du bal, il y en avait

un , dont les grands traits, le nez aqui-
lin, les yeux bien développés attirèrent
les regards de notre observateur.

Il l'appela et lui demanda pourquoi,
avec une pareille figure, il était réduit
à sa vile profession ?

Celui ci répondit qu'effectivement,
né fils d'un avocat, sa destinée n'était
point de porter le joug de la servitude,
mais qu'ayant perdu son père fort jeune,
sa mère s'était remariée à un homme
qui l'avait ruinée, fait mourir de chagrin, et que la tutelle avait tellement
souffert de tout cela, que l'orphelin
était resté en proie à la misère. Des parens, il est vrai, l'avaient recueilli;
mais ils l'avaient rendu si malheureux,
que se trouvant réduit chez eux à la
domesticité, sans en avoir les profits, il
avait cru de bon calcul de servir, du
moins, des maîtres qui le payassent; de
manière qu'il s'était fait domestique.

Notre Lavater, satisfait de ce narré, donna deux guinées au valet, en lui disant que sa physionomie lui était d'un bon augure, et que sûrement il s'élèverait un jour au dessus de ses revers.

Il n'y avait point un quart d'heure que cette scène avait eu lieu, qu'un brouhaha se fit entendre dans la salle. On s'enquit de ce qui le produisait, et l'on apprit qu'une tabatière d'or venait d'être volée.

Le physionomiste, ne doutant point que ce ne fût le coquin dont il avait inspecté la face à l'ouverture du bal, s'applaudissait du triomphe de son art.

Pendant qu'il fixait l'attention d'un grand nombre de personnes, en admiration sur la science dont elles lui avaient vu faire une si étonnante application, une foule nombreuse s'approcha du groupe, où il analysait la théorie et la pratique d'un art qui rapprochait le savoir de l'homme de celui de la divinité. De toutes parts l'on s'écriait : voici le voleur ! le voici !

Le Lavater, qui se fût réjoui de voir pendre dix hommes pour l'honneur de la science, s'avança à la rencontre du voleur ; mais quelle fut sa surprise, sa confusion et son abattement, lorsque dans le fripon il reconnut le *laquais orphelin*, qu'il venait de traiter si généreusement en faisant l'apologie de sa *physionomie !*

Des huées s'élancèrent du groupe admirateur, où le pauvre physionomiste pérorait si orgueilleusement quelques instans auparavant, et furent bientôt répétées par toutes les bouches ; de sorte qu'il n'eut rien de mieux à faire que de sortir à la suite du voleur, qui cependant réalisa, peu de jours après, la partie de son horoscope relative à son *élévation au-dessus de son revers ;*

car il ne tarda point à être pendu.

L'homme aux physionomies ne fut pas plus ménagé par la canaille, instruite de l'anecdote, que par la belle compagnie, dont il venait d'être si maltraité. Apostrophé par tout le monde sur son infaillibilité (que l'on associait avec irrévérence à celle du pape), chacun lui donnait sa nazarde; mais revenu un peu de son premier trouble, sur l'affront fait à l'art du grand Lavater, il disait que cet évènement n'était qu'une exception aux règles de la science.

— « Oui ! Messieurs, s'écriait-il, il y a des lacunes dans toutes les connaissances humaines. Je suis si certain de ne m'être trompé que pour être tombé dans une de ces réticences de l'art, que je vais de ce pas chez l'exécuteur des hautes œuvres, pour faire marché de la tête du voleur, afin d'en envoyer le crâne à l'illustre *Gall*, qui n'esquivera point la même erreur que moi, et prendra la boète osseuse du scélérat, pour celle de quelque *diplomate anglais*.

L'aventure du valet et du physionomiste avait beaucoup amusé la société; mais lorsqu'on s'en fut diverti quelque temps, l'on pensa à reprendre la danse et le jeu qu'elle avait interrompus.

Miss Ledland, Agnès et Hélène, entourées de toute la jeunesse galante, se reposaient des fatigues du bal dans une conversation aimable, en attendant que les fanfares de Therpsicore les rappelassent à la danse.

Audley qui, pendant cet intervalle, s'était trouvé entre Agnès et miss Ledland, sans parler ni à l'une ni à l'autre, avait donné à cette dernière une opinion si défavorable de son esprit, que dans un instant où il faisait un mouvement de côté pour converser avec Frédéric, elle demanda tout haut s'il était sourd et muet?

Cette épigramme le faisant sortir de son abstraction, il sentit l'inconvenance qu'il avait commise ; et se tournant vers la belle qui s'en était choquée, il lui dit galamment qu'il jouissait des deux sens dont elle l'avait supposé privé, mais que s'il avait le malheur de ne les point posséder, il suffirait à sa félicité d'avoir des yeux, depuis qu'il l'avait vue.

Ce compliment le recommanda un peu avec elle; mais elle lui observa que son esprit était une raison de plus pour qu'on ne lui pardonnât point le silence.

Lady Spanton, ne voyant pas revenir au tapis le chevalier Weber, vint à sa recherche dans le salon de bal ; et l'apercevant mêlé à un grand nombre de jeunes gens brillans, elle s'approcha pour lui rappeler l'engagement qu'il avait avec elle.

3.

En lui faisant cet appel, elle demanda si quelqu'un desirait être de leur partie. Tout le monde s'en étant excusé, elle somma Weber de la suivre.

Celui-ci, saluant les trois jeunes demoiselles, leur dit qu'il fallait avoir à suivre Vénus pour ne point regretter les Grâces.

Les instrumens se firent entendre, et Audley qui savait Agnès engagée pour la première danse, lui demanda sa main pour le second tour.

— « Je le veux bien, lui dit-elle en souriant, mais à condition que vous vous occuperez plus de votre danseuse que vous ne l'étiez de votre voisine, lorsque vous avez encouru le reproche de miss Ledland ».

— « Ah ! miss, répondit il, d'un ton et d'un air mélancolique, il ne m'est pas difficile de m'engager à vous donner toute mon attention ! »

Agnès rougit à cette réponse ; mais voulant se dissimuler à elle-même l'impression qu'elle en avait ressentie, elle ajouta qu'elle voyait avec plaisir qu'il s'amendât de ses fautes, et que l'on ne pouvait ni trop tôt, ni trop bien, réparer les torts de la galanterie ; car c'était ceux qui nuisaient le plus à la considération dans le monde, à raison de ce que les femmes ne les pardonnaient pas.

— « Mais j'étais près de vous aussi, mademoiselle, lorsque j'encourus un reproche de miss Ledland ; et si elle a pu être fondée à me faire un tort de mon silence, je suis bien innocent de celui que vous m'adresseriez au même titre, si elle le fondait sur mon inattention à sa personne ».

Cette réplique embarrassait fortement Agnès ; mais à l'instant même où elle venait de se faire, Fairfax arriva, à la grande mortification d'Audley; et pour comble de désagrément, il l'invita à procurer le plaisir de la danse à une dame qui, de toute la soirée, n'avait point reçu l'offre d'une main.

Il fut fort contrarié de se voir en cette circonstance requis d'une telle politesse; mais comme il était naturellement bon et complaisant, et que d'après le reproche de miss Ledland, il avait en quelque sorte sa galanterie à réhabiliter, il céda au vœu de Fairfax.

A peine avait-il quitté Agnès, que Mélincourt vint prendre près d'elle la place qu'il avait laissée vacante. Il lui dit mille choses aimables et galantes, qui la convainquirent de la politesse comme de la finesse de son esprit, et elle éprouva une espèce de regret, lorsqu'Audley s'avança pour la conduire à la danse.

L'engagement qu'elle avait pris avec

Audley l'obligeant à recevoir sa main, elle quitta son siége en saluant ses deux interlocuteurs de la manière la plus civile, et rejoignit Hélène, qui lui demanda avec curiosité si elle avait le secret de l'étranger.

— » Quel secret, ma chère Hélène?

— » Mal adroite que vous êtes!... répondit celle-ci. Comment! ne vous rappelez-vous point que cet étranger est presumé être celui qui a sauvé Darnly; et que l'affectation qu'il met à rester inconnu, éveille la curiosité de celui-ci, et la mienne encore davantage.

— » Mais ma chère, répliqua l'aimable Agnès, il me semble que si l'étranger veut laisser ce service inconnu, l'on serait blâmable de lui en dérober le secret....

— » Eh bien! moi, je l'aurais déjà, ce secret, s'il fût resté près de moi, la moitié du tems qu'il a passé avec vous en conversation. A propos !.... j'ai une espièglerie charmante de ma façon à vous apprendre.... J'ai rendu Marigold jaloux, et jaloux à toute outrance ! Je l'ai toujours dit, si la vanité n'existait point, cet être-là serait dans le néant. Il faut que j'aie bien du malheur pour que cette passion anime un pareil être, qui serait beaucoup mieux dans les espaces imaginaires, qu'en ce monde, où l'on s'avise d'autoriser ses prétentions sur moi....

» — Par quelques coquetteries, je lui ai donné le chevalier Weber pour rival, et je me promets de tirer de cet évènement un parti qui vous amusera, lorsque j'aurai réalisé mon plan là-dessus. J'ai eu aussi les galanteries de Frédéric ; mais c'est un volage. Il ressemble au soleil, qui brille tantôt à l'orient, tantôt à l'occident, et veut échauffer alternativement les deux pôles. Il ne m'eut pas plutôt rendu quelques soins, qu'il courut faire la même courtoisie à miss Ledland, pour ensuite revenir à moi, et me quitter de nouveau pour elle ».

L'orchestre donnant le signal de la danse, Hélène, Agnès, miss Ledland et leurs cavaliers prirent leur rang.

Lady Spanton ayant engagé avec instance Marigold à entrer dans sa partie, il s'était si bien livré à l'invitation, qu'il perdait quinze cents guinées, dont le hasard avait assez également partagé le gain entre sa seigneurie et Fairfax, qui avait bien voulu consentir à être du jeu, lorsque Marigold lui eut donné un exemple de déférence aux propositions réitérées de la pressante lady.

Weber perdait aussi quelques centaines de guinées, et milady qui voyait sa table désertée par ces joueurs malheu-

reux, cherchait à la recruter de quelques jeunes gens riches, qui circulaient
autour de la partie.

Lady Spanton aimait beaucoup les
jeunes gens. Elle était leur patronne
dans le monde, et se chargeait volon-
tiers de les initier aux beaux et bons
airs de la société.

Elle s'attachait, sur-tout, à leur faire
perdre galamment leur argent au jeu,
en leur enseignant tout ce que cette
passion avait de grand; en ce qu'elle
étalait les richesses, égalisait les rangs,
et montrait les caractères sous l'aspect
le plus avantageux, par l'impassibilité
à la perte; les nobles sacrifices qu'elle
exigeait dans les mauvaises chances,
et les prodigalités qu'elle commandait
dans la bonne fortune. Sa seigneurie
prêchait avec tant de ferveur cette doc-
trine, et avait fait un si grand nombre
de prosélites dans sa propre maison,

que l'on pouvait suspecter son aposto-
lat d'un peu d'intérêt personnel : aussi la
malignité du monde ne l'épargnait-elle
point infiniment sous ce rapport ; d'autant que beaucoup de jeunes seigneurs
se plaignaient d'avoir payé cher les
soins donnés par elle à leur éducation
mondaine.

Le jour commençait à poindre, et
lady Dentiffe ayant demandé sa voiture, Agnès, son frère et Audley
quittèrent le salon, pour aller goûter le
repos, que les fatigans plaisirs de la
nuit leur avaient rendu nécessaire.

La satisfaction qu'Agnès trouva le
lendemain à raconter les plaisirs de la
veille à sa mère et à la bonne Jeannette, les lui fit de nouveau éprouver.

Elle se rendait avec joie un compte
tacite des soins qu'on lui avait prodi-
gués, et goûtait, dans ce souvenir, des
jouissances qui flattaient son cœur, d'un

plaisir qu'elle ne pouvait définir , mais qui lui était extrêmement agréable.

Assise à sa harpe , peu de tems avant le dîner , et fort peu aussi après son lever , elle allait faire résonner l'instrument mélodieux , lorsqu'Audley entra.

Il avait l'air abattu et souffrant. La fatigue du bal ne lui avait point procuré le repos : comme si Morphée dédaignait d'accorder à l'épuisement des plaisirs , les douceurs dont il fait la récompense des travaux.

Un sommeil agité avait augmenté sa lassitude , loin de rafraîchir ses sens.

Des rêves effrayans avaient assiégé ses esprits. Tous les malheurs de ses jeunes années , les peines que se créait perpétuellement son imagination , toujours dirigée par la défiance et le soupçon , s'étaient , les uns reproduits , les autres réalisées , pour le tourmenter , dans la situation fictive où les songes l'avaient placé.

Il avait vu Fairfax, triomphant du cœur d'Agnès, ainsi que de la fortune, dévoiler le plus affreux caractère de perversité et de perfidie, au milieu des horribles succès qu'il devait aux combinaisons et aux menées du crime.

Éveillé subitement par ce rêve pénible, des réflexions non moins douloureuses en avaient remplacé les impressions.

Il voyait l'homme heureux insensible, l'infortuné sans secours, le méchant livré à tous les calculs de la perfidie, et le bon, dégoûté du breuvage de la vie, pour peu qu'il eût porté les lèvres à la coupe de l'expérience.

Par-tout s'offraient à lui des êtres pervers, qui différaient entr'eux, seulement en ce que ceux tendant à la prospérité par les vices cachaient leur turpitude, tandis que ceux arrivés au succès les étalaient avec impudence.

A ces tableaux hideux, les aimables vertus, que présentait la famille Saint-Julien, venaient faire un contraste consolant, mais qui lui suggérait encore des sensations pénibles; car en y voyant l'amour paternel et filial, sous les aspects les plus attendrissans, il se souvenait de n'avoir jamais joui des touchantes caresses des auteurs de ses jours.

Jetté dans le monde sans fortune, il se trouvait contraint de se livrer son cœur des charmes de l'hymenée; ou à condamner une épouse chérie à toutes les privations qu'impose la médiocrité.

C'est en sortant de livrer son cœur et son esprit à ces impressions et à ces idées, qu'il se rendit près d'Agnès, qui, le voyant attristé et mal à l'aise, lui demanda, avec sensibilité, s'il était incommodé.

— » Non , mademoiselle , lui dit-il : une mauvaise nuit a fait sur moi l'effet que vous remarquez dans ma personne ; mais si j'osais vous prier de vous mettre à votre instrument , je ne doute point que cela ne dissipât l'abattement d'esprit que m'a causé la privation du sommeil ».

Agnès se rendit aussitôt à ses vœux, et chanta les couplets suivans :

> Vois ces arbres que le printems
> Pare d'un aimable feuillage ,
> Sous lequel mille fruits naissans,
> Encor en fleurs, cherchent l'ombrage :
> Hélas ! un frimas destructeur,
> Dont l'hiver, fuyant, se couronne,
> Vient, et d'un souffle ravisseur
> Détruit tout l'espoir de Pomone.
>
> De nos jours tel est le tableau ;
> Sommes-nous dans l'adolescence ?
> Tout à nous se présente en beau,
> Sous les couleurs de l'espérance ;
> Mais l'inexorable Destin
> Bientôt signale sa puissance,
> Et, nous périssons sous sa main,
> Sans connaître la jouissance.

A mesure qu'elle lui donnait la jouissance d'entendre sa voix mélodieuse, s'unir à l'harmonie du divin instrument, l'intention de quitter Rockbeach s'affaiblissait en lui, quoiqu'il sentît davantage le danger d'y prolonger son séjour,

L'arrivée de madame de Saint-Julien et de toute la famille dans le salon interrompit le chant d'Agnès, et Audley se retira dans l'embrâsure d'une croisée, pour cacher les émotions qu'il éprouvait, ou plutôt pour s'y livrer en secret.

Le marteau frappa la porte; c'était le courrier.

. . . . « Mercure des humains ,
» Chargé de billets doux, d'écrits sur mainte affaire;
» D'épîtres de Lucrèce , faites par des catins,
» Et des papiers trompeurs sur la paix et la guerre ».

Il apportait des lettres à lady Dentiffe et à madame de Saint-Julien.

Celle-ci, en lisant l'une d'elles, qui venait de M. de Saint-Julien, éprouva un sentiment de tristesse qu'elle fit partager à ses enfans, en leur annonçant que leur père resterait encore long-temps dehors.

Lady Dentiffe, de son côté, en avait reçu deux, qui lui donnaient beaucoup de mécontentement.

Elle mit l'une d'elles dans sa poche, et passa l'autre à Frédéric, en le chargeant d'en faire lecture.

Audley, trop discret pour vouloir s'immiscer dans des intérêts de famille, se retira.

La lettre remise à Frédéric était de lady Allanson, et contenait ce qui suit:

Ma chère sœur,

« La lecture de votre lettre m'a autant étonnée qu'affligée.... »

« Quoi ! vous vous êtes départie de cette noble indignation pour les torts

avilissans d'un frère qui a voulu dé-
grader une famille, dont l'illustration
remonte aux temps les plus reculés de
la monarchie ? »

« Que me parlez vous de mérite d'esprit, de qualités de cœur et de vertus
d'âme !.... »

« Tous ces avantages ne sont rien
sans la noblesse et l'opulence. Ils res-
semblent, au plus, à ces brillans effets
d'artifice, qui sortent de l'ombre pour
y retomber à jamais, après avoir étin-
celé quelques instans en légers traits de
feu.... »

« Comment notre frère a-t-il pu se
déshonorer par une pareille association?
Et vous qui avez donné l'exemple du
blâme que lui méritait cette honteuse
conduite, vous allez porter dans ses
bras, dans ceux même de son indigne
épouse, l'abjuration d'une sévérité loua-
ble, garantie de l'honneur des familles,

et juste châtiment des fautes d'une jeunesse inconsidérée, qui ne connaît plus de frein à ses passions !.... »

« Des lois sages sur l'assortiment des conditions dans le mariage manquant à la perfection de notre Code, c'est à la sagesse des familles à y suppléer ».

« Vous n'êtes point mère, ma tendre sœur, et vous sentez moins, d'après cela, l'inconvénient des mésalliances ».

« Si vous éprouviez la douleur d'une mère qui a légué à son fils, à sa fille, un sang illustre, et qui voit ces enfans rébelles aux lois de l'honneur, le faire circuler dans des veines indignes de le transmettre pur à d'autres générations, ah ! que vous souffririez !.... »

« La nature elle-même ne nous donne-t-elle point l'exemple de cette hiérarchie sacrée et immuable des conditions ?..... Voit-on le ruisseau s'unir à la mer ?..... Non, les fleuves seuls contractent avec elle, cette noble alliance, et toutes les eaux subalternes n'enfreignent jamais le lit où elles coulent dans l'obscurité ».

« Vous vous laissez gagner, ma chère sœur, par le faux brillant des quali és *de la femme de notre frère*... Oubliez-vous que vous tombez par là dans le piége où il fut lui-même pris ?.... »

« Fuyez l'œil du basilic et la voix du crocodile, ou vous êtes perdue sans ressource ».

« Pour moi, armée de mes principes surs et invariables contre toute séduction, je ne crains rien des attraits que vous prêtez à cette femme; aussi ne redoutai je point de m'approcher d'elle; et comme j'ai l'intention de prendre les eaux, le desir de vous voir me fera aller incessamment à Rockbeach avec ma famille ».

« Tous mes enfans vous embrassent respectueusement ».

« Recevez le plus tendre baiser d'adieu, et croyez moi pour la vie ».

Votre dévouée sœur,

ALLANSON.

Frédéric, à la lecture de cette lettre, sentit le feu de l'indignation pétiller mille fois dans ses veines ; mais le respect qu'il avait pour sa bonne tante, en qui il voulait ménager d'anciens préjugés, jadis conformes à ceux exprimés par lady Allanson, l'empêcha seul d'éclater. Il replia froidement la lettre et la remit à sa tante.

Agnès, vivement affectée de l'humiliation faite à sa bonne et tendre mère, fondait en larmes ; et quant à madame de Saint-Julien, interrogeant avec tranquillité son cœur, elle souriait de pitié en se voyant dépréciée par l'orgueil.

Lady Dentiffe garda quelque temps le silence, et le rompit enfin, d'abord pour blâmer sa sœur, ensuite pour l'excuser ; espérant en pallier les torts, en rappelant ceux qu'elle avait eus elle-même. Elle les peignit vivement, et finit par retracer les soins qu'elle avait mis à les réparer.

« Lady Allanson fera de même, ajouta-t-elle. Ses préjugés ne tiendront point contre vos vertus, ma chère sœur; comptez sur leur ascendant. N'ai-je point partagé toutes les préventions de ma sœur, et mon affection ne les remplace-t-elle point aujourd'hui? Ma sœur vient à Rockbeach. Ce voyage m'est d'un bon augure, et je suis certaine que l'idée lui en est suggérée par la curiosité de vérifier si tout ce que je lui ai dit de vous est réel. Quand elle aura reconnu que vous êtes encore supérieure aux éloges que je lui ai faits de vous, elle vous rendra la même justice que moi; et tous les sentimens que j'ai pour vous et vos chers enfans, naîtront dans son cœur. Lady Allanson, outre les préjugés

de sa propre extraction , a encore l'orgueil du rang illustre où l'a placée une
des premières alliances du royaume. Il
faut pardonner à cette double prétention l'irascibilité de son amour-propre;
et quoiqu'elle doive vous faire un double
sacrifice en renonçant à ses préventions, pour se rapprocher de vous,
croyez qu'elle ne balancera point à s'y
résoudre , dès qu'elle vous aura appré-
ciée comme je le fais. Je profiterai de
cette circonstance , ma chère sœur ,
pour vous faire connaître mes intentions, relatives au bien - être de vos
enfans. Je leur destine ma fortune.
Ceux de lady Allanson sont assez riches
de leur patrimoine et de l'héritage immense qu'ils feront un jour de leur oncle
sir Clément; car il ne faut pas vous
dissimuler qu'il n'y a point à espérer
de rapprochement entre celui-ci et son
frère. C'est donc à moi d'indemniser

Frédéric et Agnès, de l'injustice de leur oncle. Lady Allanson est trop généreuse pour blâmer en moi cette disposition ».

Lady Dentiffe, en prêtant de semblables sentimens à sa sœur, était loin de connaître la cupidité de son cœur.

C'était cependant cette convoitise insatiable, qui déterminait le voyage de lady Allanson à Rockbeach.

Redoutant la pitié généreuse de sa sœur pour une famille en scission avec toute sa parentée , elle projetait le voyage de Rockbeach, afin d'observer ce qui se passait , et tenter une diversion en faveur de ses propres enfans, en cas que lady Dentiffe voulût trop faire de sacrifices , au bien-être de ceux de M. de Saint-Julien.

Madame de Saint-Julien , sensible à la tendresse de lady Dentiffe pour Frédéric et Agnès, la remercia avec effusion de sa bienveillance, en s'applau-

(51)

dissant d'avoir surmonté les dégoûts
qu'elle avait eu à vaincre dans les premiers temps de ses relations avec elle.

Lady Dentiffe n'excitait pas moins
l'admiration de madame de Saint-Julien. Elle voyait avec étonnement, réu-
nis dans ce caractère, les vertus du
cœur et les vices de l'éducation. D'un
côté, se montraient la douce bonté, la
la compatissante bienfaisance ; et de
l'autre, l'orgueil méprisant, qui engour-
dit la sensibilité et dessèche enfin l'âme.

Madame de Saint Julien était trop
éclairée pour ne point distinguer les
qualités de lady Dentiffe, à travers les
défauts qui les obscurcissaient ; comme
l'on devine un beau jour, encore voilé
par les nuages brumeux qui portent la
rosée du matin.

Les défauts de lady Dentiffe ne ré-
sultaient point seulement des fausses
idées qu'on lui avait données, en signa-

lant à son estime les distinctions de la
naissance, les honneurs et l'opulence,
au préjudice de la noblesse des sentimens; mais le malheur d'une union
mal assortie avait donné à son cœur
une affection de tristesse, dont s'im-
prégnaient tous les objets qui occupaient
sa pensée.

Son mari, homme morose, semblait
bouder à toute la nature. Jamais un
sentiment doux ne s'était exhalé de son
cœur. L'orgueil et la taciturnité composaient son caractère. Ses parchemins,
ses chartres, ses contrats, son porte-
feuille et ses trésors occupaient seuls ses
pensées. Il n'avait jamais quitté ses domaines, afin que les égards dûs à ses
égaux, et les hommages à rendre à des
supérieurs, ne lui fissent point perdre
la suprématie qu'il s'arrogeait sur tous
les hommes, en faisant ramper à ses
pieds de nombreux vassaux. Il exigeait

le respect de sa livrée, comme Caligula l'adoration de son cheval; et le moindre de ses valets était aussi fier de ses couleurs, que si elles n'eussent point été le gage brillant de la plus vile servitude, en même temps que le trophée de l'orgueil de leur maître.

O fol orgueil ! sur quoi porte ton insolante domination ? Des titres, des richesses, des distinctions sociales, apanages respectables des vertus de l'homme qui les mérita, mais vaines décorations de ses successeurs ; et rappelant moins honorablement le souvenir du héros qui les illustra, que le froid mausolée qui couvre son tombeau : car celui ci du moins ne fut jamais souillé par les profanations du vice !..

CHAPITRE XVII.

Agnès, s'étant couchée la tête pleine des tristes pensées que lui faisaient naître l'absence de son père, et les injustes procédés de sa tante Allanson envers sa mère, n'avait pu goûter le sommeil. Dès que les premiers rayons de l'aurore brillèrent à ses yeux, elle se leva, et fut se promener sur le rivage.

Bientôt le soleil, sortant du sein des eaux, azura de ses reflets nuancés la surface ondoyante des vagues, et l'œil ébloui semblait être frappé à la fois de mille éclairs, tandis que l'horison était encore enveloppé dans le voile brumeux qui recèle la rosée.

Une marée rapide ne tarda point à s'emparer de la plage, et força Agnès de diriger sa promenade vers la Terre-Ferme qui cotoyait la mer. Ses pas errans la conduisirent vers un bois non loin du rivage, et qui, dominant en amphithéâtre, présentait la mer sous le point de perspective le plus ravissant. Après avoir joui de ce spectacle, elle pénétra dans le bois, vers un immense bouquet de vieux chênes, ombrageant d'étroites clairières, dont les sentiers couverts d'une épaisse mousse paraissaient n'avoir jamais été foulés par le pied de l'homme.

Dans un site, où de sublimes méditations se fussent emparées de l'esprit d'un philosophe, Agnès trop jeune et trop peu instruite encore pour que l'enthousiasme la portât à la réflexion, éprouva cet étonnement religieux qui plonge l'âme dans une vague mélancolie.

Ce qu'elle avait lu cependant du culte des Druïdes, se retraça à son souvenir, et elle se représentait en frissonnant les temps reculés, où des victimes humaines étaient sacrifiées à un dieu de bonté par des prêtres sanguinaires.

Un tertre, sur lequel elle allait s'asseoir, offrit avec horreur à son imagination un autel, où les ministres d'une religion profanatrice avaient peut être fait leurs criminels holocaustes, et elle recula avec effroi devant ce sanctuaire meurtrier, devenu un asyle de repos.

Le lierre, la rose sauvage et l'aubépine enveloppaient le tronc noueux, d'arbres aussi vieux que le sol qu'ils couvraient, et paraissaient se plaire à décorer des clairières, jadis peut être les nefs d'un temple consacré à l'auteur de la nature.

Elle s'assit pourtant, et continua une lecture qui l'avait délicieusement occupée pendant sa promenade. C'était Thompson qui la charmait ainsi par ses images enchanteresses ; mais à peine

livrait-elle de nouveau ses esprits aux
chants du poète, lorsque le son mélodieux d'une flûte vint frapper son
oreille.

L'air que soupirait l'instrument était
si tendre, qu'il ne pouvait émaner que
d'un cœur sensible, et Agnès l'écoutait
avec émotion ; mais le silence lui suc-
céda bientôt. Après quelqu'intervalle,
un air plus animé se fit entendre ; et
aussitôt que l'instrument l'eut légère-
ment filé, il répéta, avec une expression
plus douce encore, les accens mélanco-
-liques du premier.

La mélodie cessa enfin ; mais peu
d'instans après un froissement de feuillage annonça quelqu'un traversant un
buisson.

Ce bruit ayant attiré les regards d'A-
gnès, elle vit bientôt sortir des brous-
sailles un homme en qui elle reconnut
Mélincourt ; mais comme elle s'était le-

vée avec une certaine agitation d'inquiétude, elle reprit aussitôt contenance, et le remercia, d'un ton aisé, du plaisir qu'il lui avait procuré par le concert
qu'il lui avait donné sans s'en douter.

— « Je ne m'attendais point, lui dit
Mélincourt, au bonheur de vous rencontrer dans ce lieu presque sauvage,
à une heure où tous les êtres animés
sont encore livrés au sommeil. Quant à
moi, c'est l'instant habituel de ma promenade... Comment se fait-il que, dans
le moment où la nature étale toutes les
beautés de sa verdure et de ses fleurs,
raffraichies par le repos de la nuit, elle
n'ait pas plus d'admirateurs parmi les
hommes en qui l'éducation a développé
assez de délicatesse d'organes, pour les
rendre sensibles à des charmes qui pro-
duisent toujours de nouvelles impressions? Mais l'on regarde comme trop
vulgaire d'errer dans les champs et les

bois, à l'heure où le besoin arrache au repos l'homme de travail. Les riches, pour n'avoir rien de commun avec le pauvre, s'interdisent jusques aux jouissances qu'ils ne goûteraient qu'en les partageant avec l'esclave journalier de leurs autres plaisirs. Cette espèce de saturnales leur déplait, et pour l'éviter ils se font des jouissances factices qui les isolent : peu s'en faut que dans leur vain orgueil ils ne regrettent de respirer le même air, et d'être éclairés par le même soleil.

Tout me dit, charmante miss, que ce n'est point ainsi que vous pensez, ajouta Mélincourt; je vous félicite de savoir préférer les plaisirs innocens de la nature, à ceux que l'orgueil humain a si stupidement compassés dans un cercle de convention ».

— « Mon père, répondit Agnès, pense comme vous sur cet objet, Monsieur, et

j'ai toujours trouvé tant de charme à suivre ses directions dans le choix des amu-
semens, que ce ne sera jamais dans un
autre système d'idées, que j'irai chercher des jouissances. Quelques connaissances que je lui dois sur les plan-
tes, les coquillages et les insectes, sont
une source de réflexions délicieuses,
dont toute la nature semble me présenter le tribut, quand je me promène
seule. Chaque bourgeon échappant de
la branche ; chaque fleur fécondée par
la rosée ; le fruit vermeil et velouté,
contrastant avec le verd du feuillage ;
l'insecte qui ramasse la cire et distille
le miel ; celui qui file sa toile ; l'autre
plus précieux, qui compose la soie ; et
la chenille, enfin, opérant sa brillante
métamorphose ; tout devient spectacle
pour moi..... »

— » Heureuse dans le sein de votre
famille, aimable miss, reprit Mélin-

court, tous vos sentimens sont de douces jouissances, et vous n'éprouvez jamais le besoin vague d'une activité
factice, que tant de gens cherchent
dans une dissipation passagère, pour
sortir leur âme d'un fastidieux engour-
dissement ; comme on voit l'oiseau
captif agiter les ailes dans sa cage,
pour goûter dans un essor fictif les
illusions de la liberté. La tendresse de
vos parens suffit à votre jeune cœur.
La solitude que vous cherchez quelquefois, n'est pas pour vous un asyle
contre les peines de l'âme ; mais vous
y cherchez le souvenir des tendres
caresses d'une famille qui vous chérit,
et puisez dans le recueillement une
nouvelle sensibilité, pour savourer les
nouveaux embrassemens d'un père et
d'une mère adorée.

» — Heureux âge ! ... plus heureuse
innocence ! où la retraite n'est un be-

soin que pour ajouter aux délices d'une âme sensible : mais quelle est triste, cette solitude, quand elle est l'unique ressource d'un être souffrant, n'ayant d'autre confident, d'autre consolateur que lui-même, et réduit, pour ainsi dire, à s'alimenter de la propre substance de son cœur, en se repaissant de ses chagrins !

L'accent de Mélincourt avait une expression si tendre; sa physionomie s'animait d'un caractère si touchant de sensibilité, qu'Agnès ne put se défendre de le voir et de l'écouter avec la plus vive émotion.

Pendant cette conversation, ils cheminaient vers la ville.

Comme ils suivaient toujours le bois pour s'en retourner, ils rencontraient à chaque pas d'épaisses fourrières, au travers desquelles il fallait se faire un passage. Enfin, ils arrivèrent à la ville, et Mélincourt ne quitta Agnès qu'à la porte de l'hôtellerie.

Agnès rentra, mais tellement préoccupée de la singularité de cette rencontre, et si touchée de la profonde mélancolie de Mélincourt, qu'elle traversa toute la maison, sans s'apercevoir qu'elle fût habitée; car elle passa près de son frère et de Jeannette, sans reconnaître ni l'un ni l'autre.

Frédéric, ignorant la sortie qu'elle avait faite, lui demanda malicieusement des nouvelles d'Audley, en lui disant que, s'il eût rencontré celui-ci avant elle, il se fût informé d'elle, avec un empressement non moins grand que celui qu'il mettait près d'elle à s'informer de lui.

— » C'est en vain, ajouta-t-il, que l'on vous a cherchés l'un et l'autre pour le déjeûner; et dites-moi où vous vous êtes oubliés tous deux, afin que je sache l'endroit de vos retraites.

» Je n'ai p oint vu votre ami, mon cher frère, répondit Agnès en souriant ; et s'il a comme moi sacrifié son déjeûners à des rêveries solitaires, la faim le ramènera bientôt ; car pour moi l'appétit me presse. »

En entrant dans la salle de déjeûner, elle y trouva Hélène, assise près de la table à thé, la tête appuyée sur une main, et si absorbée dans ses pensées, qu'elle était déjà à ses côtés sans avoir été aperçue.

Dès qu'Agnès, étonnée de sa profonde rêverie, lui en eut demandé la cause, elle se leva précipitamment, et l'embrassant, elle lui dit avec un soupir : Ah ! ma chère Agnès ! quelle triste nouvelle j'ai à vous apprendre !.... Mon père quitte Rockbeach, aussi subitement qu'il y est venu, et nous n'avons que vingt-quatre heures pour faire nos dispositions de départ.

Quant à notre destination , je l'ignore : et n'est-il point cruel d'être emballé comme des marionnettes sans savoir où l'on va nous montrer ? Qu'il est triste d'être fille , et fille soumise !... Combien un haut-de-chansse change la destinée d'une misérable créature humaine ! Il faut que j'obéisse servilement sous le jupon, tandis que , sous un autre vêtement, une contrariété me donnerait le droit d'aller courir les aventures.

— « J'ai bien une ressource, c'est de me faire héroïne de roman, ajouta-t-elle en riant aux éclats ; mais pour prendre ce rôle il me faut un amant, et je ne sais en vérité à qui donner ce personnage, que ma malice femelle ne rendrait point agréable à tout le monde.

Si je prenais Frédéric?... Ho! le drôle serait pour moi un mauvais pilote, dans mon embarcation romanesque :

j'aurais [trop à redouter avec lui l'é-
cueil de l'inconstance..... Donnez-moi
donc un expédient, au défaut des ailes
d'*Icare*, pour échapper de ce laby-
rinthe ».

— « En vérité, Hélène, je n'ai aucun
moyen de vous servir en cette circonstance... Mais quelle est la cause de cette
détermination soudaine de lord Welraydon ?

» — Ho! vraiment, pouvez vous en
douter?....... c'est le cousin Marigold; et tant il est vrai que les sots ne
savent rien faire à propos, il m'a con-
trariée en arrivant, excédée en restant,
et nuit en partant. Aussitôt qu'il eut
disparu, mon père crut devoir me
faire les honneurs de son départ, et
l'attribua à quelque *frasque* de mon
fait. Dès l'instant même, il me signifia
l'ordre de me préparer à quitter de
suite ces lieux; et se renfermant dès-

lors dans le silence d'un oracle, je n'en sus pas davantage.

» Quant à moi, qui ne suis pas née le doigt sur la bouche, comme le Dieu du Silence, je vous informerai de la raison du départ si brusque de mon féal prétendu. Sans doute, je pourrais bien vous dire, avec probabilité, que la crainte de se trouver une coiffure ou des habits hors de mode, par une absence trop longue de la capitale, l'a fait retourner à Londres ; mais vous me connaissez un esprit trop capable d'expédiens, et tout ce que je vous dirai là-dessus, vous ferait toujours soupçonner l'influence de ma *gibecière* sur ce départ. J'aime mieux donc vous confesser bonnement ma peccadille.

» Vous vous rappelez, ma chère, le soin malicieux que je mis au bal, à donner de la jalousie à Marigold, en paraissant prendre plaisir aux galanteries du chevalier Weber.

Vous n'avez vu là-dedans qu'une espièglerie....... Pauvre innocente ! Eh bien, je jettais dès-lors le plan de ma liberté !........

» Le chevalier, me sachant fiancée, ne me recherchait que pour ma gaîté. Je mis tant d'art à interpréter ses empressemens, comme ceux de l'amour, que Marigold en devint jaloux, autant que je le desirais pour le succès de mon projet. La vanité le rendit sensible aux soins d'un rival préféré ; et se persuadant que les succès d'un autre ne résisteraient point à ceux qu'il ambitionnerait d'obtenir, il me fit une cour assidue.

» Toutes les fois que ces accès de courtoisie lui avaient pris, je l'en avais dégoûté par mille railleries. En cette circonstance, je lui prodiguai tous les égards de la politesse, avec une réserve mystérieuse, qui, selon mon but, finit

(69)

par lui devenir suspecte, en lui persuadant que je le ménageais d'un côté, en lui donnant de l'autre un rival.

» Dans ces entrefaites, Weber m'annonça, un matin, devoir quitter aujourd'hui même Rockbeach pour quelques jours. Je vis dans cette circonstance le moment favorable de conduire mon projet à fin. En conséquence, j'écrivis, en son nom à Marigold, le billet suivant, et le fis mettre sur la cheminée de son cabinet de toilette, par notre vieux domestique Thomas, qui, m'ayant vue naître, m'est tout dévoué. Voici ce billet :

« Vos prétentions à la main de miss Welraydon n'étant fondées, baronnet, que sur les droits que vous tenez de son père, je ne me suis point fait un scrupule de devenir votre rival.

» Je n'ose encore me flatter d'avoir réussi à plaire ; mais du moins je me suis convaincu que votre amour ne serait point un obstacle au succès de mes vœux, s'il n'était protégé par la volonté d'un père.

» Outre le danger de ne pas devoir une femme au choix de son cœur, il y a de la lâcheté à user contre elle de l'empire de sa famille.

» Je ne souffrirai point que miss Welraydon soit victime de cette tyrannie, et je vous somme, sur l'honneur de chevalier, de renoncer à des droits usurpés, ou à les disputer avec moi à outrance, le lendemain de mon retour à Rockbeach.

» Je vous ferai donc informer de mon arrivée, dont j'ignore maintenant le jour ; des affaires m'appellant subitement dans une ville voisine.

» Ce billet sera mis par le vieux Thomas, sur la cheminée de votre cabinet de toilette. Il s'est engagé au plus profond secret, en recevant cette commission dont l'objet lui est d'ailleurs inconnu.

» Ce sera lui aussi, qui vous fera savoir, de la même manière, la nouvelle de mon arrivée, et vous aurez à lui remettre alors votre réponse à ce premier message.

» Recevez à votre choix le salut de l'amitié, ou celui de la guerre.

Adieu.

WEBER.

» Le billet fut remis à sa destination, pendant que Marigold faisait sa cavalcade du matin, en attendant le déjeûner.

» Lorsque je présumai sa rentrée prochaine, je vins m'établir avec un livre dans une pièce attenante au lieu de la scène, afin de connaître le moment précis de son arrivée. Ma curiosité ne fut point dans une longue at-

-tente ; car à peine avais-je lu quelques feuillets, que j'entendis Marigold entrer dans son cabinet. Sans
doute, la lettre s'offrit de suite à ses
regards, car un froissement de papier
se fit entendre. Immédiatement après,
j'ouïs des murmures, puis les pas pré-
cipités et allongés d'un homme occupé
de réflexions sérieuses ; et enfin un
grand coup de sonnette termina la
crise. Son valet-de-chambre arriva
précipitamment à cet appel retentis-
sant ; et j'entendis lui donner brusque-
ment l'ordre de faire monter Thomas.

» Celui-ci vint à l'instant ; et comme
je lui avais fait sa leçon, il attendit que
Marigold lui parlât.

» Celui-ci lui dit qu'il eût à monter
dans une demi-heure ; qu'il lui remet-
trait sa réponse à la lettre qu'il lui
avait apportée.

» — Mais, Sir, lui répondit Thomas,

j'aurai un autre billet à vous donner de la part de sir Weber, avant de recevoir votre réponse à celui-ci ; car il est absent maintenant.

— » Je le sais, répartit Marigold ; mais j'ai moi-même à faire un voyage, qui se prolongera au-delà de l'époque du retour de sir Weber, et vous lui remettrez ma lettre à son arrivée, aussi secrètement que vous m'avez fait tenir la sienne. Prenez cette guinée, et songez qu'elle est le prix de votre discrétion. Envoyez-moi mon valet-de-chambre. Chargez-vous aussi de donner de ma part à mon palfrenier l'ordre de tenir mes chevaux prêts pour partir sous deux heures, en lui disant de faire préparer mes équipages pour la même destination, par mes autres domestiques.

» Jugez, ma chère, de ma joie, en entendant ce colloque, dont je ne perdis pas un mot , par le soin que j'avais pris de m'approcher de la porte.

» Une fois certaine de mon triomphe, je quittai mon poste , et je me rendis dans la salle du déjeûner, où je trouvai mon père lisant la gazette.

» Je venais de faire une trop belle manœuvre de politique, pour n'avoir point l'esprit disposé à la diplomatie. En conséquence , je lui parlai de nouvelles de cabinet, et de discussions parlementaires. Nous nous entretînmes quelque tems sur ce sujet. A peine avions-nous cessé de le traiter , que Marigold entra en habit de voyage. Sa physionomie exprimait l'embarras de son esprit. Quant à moi, je pris une contenance que je m'étudiai à rendre simple et naturelle.

» Un livre, dont je paraissais occupée, vint à mon secours, et j'attendis l'explication qui allait sans doute s'entamer entre Marigold et mon père.

» Mon père, le voyant en costume de voyageur, lui en demanda la raison. Celui-ci, en balbutiant, lui répondit qu'il partait.

» Comment partir ! s'écria mon père, avec l'accent de la plus grande surprise.

— » Ouï, je pars, reprit Marigold, avec un peu plus d'assurance; un engagement important m'appèle au nord de l'Angleterre. Je compromettrais de grands intérêts, si je ne m'y rendais aussitôt après avoir réglé quelques affaires à Londres.

— » Un engagement?... reprit mon père, d'un air sec et froid. Je ne vous en soupçonnais pas d'autre que celui que vous avez ici.

— » Il est vrai que ce dernier est du plus grand poids pour moi, répartit Marigold; mais il n'en exclut point un autre d'une nature différente : et celui-ci me lie indispensablement.

— » C'est fort bien , monsieur, répliqua mon père, du ton le plus acerbe, et je vous conseille de vous faire attendre le moins possible. Cependant il m'eût semblé dans l'ordre que je fusse prévenu de ce voyage , un peu plutôt qu'à l'instant même de l'exécuter.

» — Mon père trépignait d'humeur, et Marigold d'impatience ; mais les chevaux ayant paru , ce dernier nous fit ses adieux et partit.

» Ma joie fut alors si grande, qu'il fallut tout mon recueillement pour ne la point faire éclater devant mon père. Je m'observai si bien, qu'il ne me soupçonna aucune part à ce qui venait de se passer.

» Cependant j'éprouvais une mortelle impatience de me rendre à mon appartement, pour être en possession de la lettre que Thomas avait à me donner. Je pris pour prétexte le désir de voir ma mère. Je passai donc à l'instant chez elle; mais je n'y restai que le tems nécessaire pour l'informer de l'événement survenu ; et je la laissai livrée à l'étonnement qu'il lui occasionna.

» Dès que je fus chez moi, je sonnai, et fis demander Thomas, qui attendait mes ordres pour paraître. Il monta, et me remit son message. En voici le contenu :

« Sir Marigold est heureux de pouvoir conserver un ami tel que le chevalier Weber, au prix d'un aussi mince sacrifice que celui qu'il requiert de sa complaisance ».

» Si miss Welraydon était l'esclave de son père, l'ami le plus dévoué de Weber n'était pas moins celui d'une convention de famille. En cela le joug de l'un était tout aussi pesant que celui de l'autre.

» L'antipathie de goûts, d'humeur et de caractère, était égale entre les deux individus, et ils seront sûrement plus heureux séparés qu'ils ne l'eussent été ensemble.

» Il ne fallait donc point en venir à un cartel, pour opérer cette résiliation ; et si l'ami du chevalier Weber n'a jamais d'autre motif de duel que celui-là, il est décidé qu'il ne mourra point en champ clos.

» Du reste, sir Marigold part à l'instant, et va ménager, soit près de sa famille, soit autrement, la rupture que désire son ami, qui ne la souhaite pas moins que lui-même ».

« Je vous avouerai, ma chère Agnès, que mon orgueil souffrit un peu, à la lecture de ce billet ; mais cette impression d'amour-propre fut passagère, et je m'applaudis bientôt de posséder la plus belle des roses, au prix de la blessure légère d'une épine.

» Mon père, autant affecté que courroucé du départ de Marigold, pouvait présumer que j'y eusse donné quelqu'occasion. Pour détourner là-dessus toutes ses conjectures, j'eus l'air de voir avec dépit cet évènement. Ce jeu me réussit à merveille ; mais malheureusement le succès de ma ruse ne fut point de longue durée. Restée au salon pour dissiper l'humeur de mon père, je lui parlai et le carressai avec tendresse. En posant un livre sur un guéridon, j'aperçus que le pot de fleur qui le garnissait, était couvert de poussière ; je tirai aussitôt mon mouchoir pour secouer cette poussière, et passai à l'autre meuble parallèle pour en faire autant.

» Je n'eus pas plutôt quitté ma première place, qu'un papier plié, tombé à l'endroit que je venais d'abandonner, attira l'attention de mon père. Assis près de là, il n'eut qu'à se baisser pour le ramasser. Il ne l'eut pas plutôt dans les mains, que je le reconnus pour le brouillon du billet écrit à Marigold. Je frémis à cette vue, mais il n'était plus temps; il fallait supporter la scène qui allait naître de ce fatal incident. Je maudis la mal-adresse, commise en conservant ce papier, et plus encore celle que j'avais faite de le laisser tomber en tirant mon mouchoir. Mon père n'eut pas plutôt lu la première ligne de l'indiscret brouillon, qu'il fut au fait de tout. Il jeta sur moi un regard foudroyant, et m'apostrophant de la manière la plus terrible, il me signifia de faire à l'instant mes préparatifs de départ. Je cherchai à l'appaiser; mais prières et larmes, tout fut inutile.

Comme il m'accablait de reproches, je fus trop heureuse de pouvoir m'y dérober par une prompte retraite dans mon appartement. Après m'y être morfondue une demi-heure, je me glissai hors de la maison pour venir vous voir, ma chère Agnès, et recevoir de vous quelques conseils.

» N'est-il pas triste d'avoir si mal terminé une aventure si heureusement filée d'abord?... Pour Dieu, ne m'abandonnez point à l'aridité de mon imagination sur ce sujet, ou je mourrai de douleur ».

— « En vérité ma chère amie, répondit Agnès, je n'ai nulle ressource à vous suggérer, que celle de travailler à calmer votre père. Si celle-là reste sans succès, je ne pourrai que vous plaindre de vous diriger toujours par votre mauvaise tête ».

— « Grand merci du compliment,

ma gentille amie, répliqua Hélène en souriant. Vous ressemblez à ces médecins qui, désespérant de sauver leurs malades, les exhortent à recevoir les secours de l'Eglise, afin que le bonheur éternel les dédommage de la vie mortelle que leur art ne saurait leur conserver. Hé, bien! vous n'avez donc rien de mieux à me dire, ma chère Agnès, pour me soustraire à l'embarras de ma situation? En ce cas, ma belle amie, je ne veux plus compter que sur moi-même, et voici comment je me propose de m'y prendre pour sortir de crise. J'irai trouver le cocher de mon père; je l'engagerai, moyennant prières et récompense, à prétexter qu'un des chevaux est blessé, et que la litière lui est indispensable pendant quelques jours. Mon père ne résistera point à cette raison, car il est aussi bon envers les animaux qu'à l'égard des hommes. Au moyen de ce délai il se calmera, et tout s'arrangera pour le mieux dans l'intervalle. Adieu, je pars pour organiser cette petite supercherie qui n'est point sans présenter des difficultés, avec un vieux reître, maussade, tel que notre sempiternel cocher, dont l'humeur est aussi grondeuse et dure, que s'il eût débuté dans son métier par conduire le char de Pluton ».

Hélène sortit en achevant ces mots, et la bonne Agnès plaignit la mauvaise tête de son amie, en admirant son excellent cœur et son inépuisable gaîté.

Après la sortie d'Hélène , Agnès monta chez sa mère pour lui faire part de la mésaventure de son amie.

Madame de Saint-Julien blâma fortement Hélène, redoutant pour Agnès l'impression d'un caractère aussi hardi que celui de son amie, sur l'esprit doux, simple et souple de sa fille; mais cepen-

dant elle tempéra cette censure, en rap-
portant les torts d'Hélène à l'extrême
légèreté de son humeur, et à son irré-
flexion.

Agnès quitta l'appartement de sa
mère, pour passer chez sa tante. En y
arrivant, elle la trouva en arrangement
avec Montagne, qu'elle mettait au fait
des fonctions qu'il aurait à remplir dans
la place qu'elle lui donnait dans sa
maison.

Agnès, après avoir salué et embrassé
sa tante, la laissa en conférence avec
son surintendant futur, et descendit au
salon, où un ouvrage de broderie l'occupa, sans priver son esprit du plaisir
d'une douce rêverie.

Ses premières pensées lui apportèrent
le souvenir de Mélincourt; elle se représentait son expression de bonté, sa douce
mélancolie, et l'amabilité de son esprit.
Elle avait lu quelques bons romans...

Les plus brillans caractères qu'elle y avait rencontrés, lui paraissaient empreints dans ce jeune homme.

Il avait la noblesse de Grandisson, l'amabilité simple et spirituelle du lord de..... dans le vicaire de Godsmith, et la sensibilité mélancolique de Werther.

Son imagination lui traça ensuite les portraits de la famille Allanson. Elle y voyait tous personnages empesés d'orgueil, s'astreignant entre eux, même à l'étiquette, dans la crainte de compromettre leur dignité, et se gratifiant mutuellement de *grandeur* et de *seigneurie*, pour éviter les dénominations bourgeoises, et ne pas perdre un instant les honneurs de leurs titres ; ce tableau la faisait sourire, mais il s'effaça bientôt de ses idées pour faire place à des souvenirs plus flatteurs ; et Mélincourt revint de nouveau à son esprit.

En ce moment, Hélène était à tenter l'intégrité du vieux cocher de son père, mais elle le trouvait sourd à toutes ses suggestions. Le vénérable serviteur honorait son maître ; il se fût fait un crime de lui manquer d'obéissance en quelque chose. Son attachement pour sa jeune maîtresse était extrême cependant ; mais, dans une circonstance si délicate, il se bornait à la lui assurer par des pro-testations dont Hélène reconnaissait toute la sincérité, malgré le refus qu'il lui faisait d'accéder à sa demande.

Toute la ressource de celle-ci fut donc de faire intervenir sa mère, et de solliciter son père : ces deux tentatives furent sans effet.

Hélène, voyant son sort irrévocable-ment décidé, revint tout éplorée chez Agnès pour lui faire ses adieux, et prendre congé de la famille de son amie.

Agnès avait espéré que lord Welraydon se laisserait fléchir ; mais voyant le
départ de son amie résolu, elle s'abandonna à toute la tristesse que lui faisait
éprouver cette séparation.

Frédéric n'y fut pas moins sensible
que sa sœur ; il sentit si vivement alors
combien la charmante et aimable Hélène avait fait d'impression sur son cœur,
qu'il n'hésita point de lui montrer tous
les sentimens tendres qu'enveloppait
son chagrin.

Hélène sourit à cette espèce de dé-
claration, et lui dit qu'elle lui laissait
miss Ledland pour le consoler de son
absence.

Le moment de la séparation étant
arrivé, on se fit les plus tendres adieux,
et Frédéric reconduisit la belle voya-
geuse.

Dans la journée, lord et lady Welraydon vinrent aussi prendre congé de l'aimable famille.

Tout le monde se réunit pour solliciter le père d'Hélène de rester jusqu'au départ général, comme on se l'était promis; mais tous les efforts furent inutiles.

En effet, le lendemain à la première heure, quatre chevaux enlevèrent rapidement la voiture, et la conduisirent en deux jours à Hawtorn.

Lord Welraydon ne fut pas plutôt arrivé dans son habitation de campagne, qu'il eut peine à supporter un séjour dont la société seule de la famille Saint-Julien tempérait l'ennui. N'ayant point cette ressource, il chercha à la remplacer en recevant, et en faisant beaucoup de visites. Quant à Hélène, sa musique, ses crayons, ses pinceaux, sa correspondance avec Agnès rompaient la monotonie de sa vie champêtre, et son aimable gaîté faisait le charme de toutes les sociétés où elle se répandait quelquefois.

CHAPITRE XVIII.

AGNÈS, privée de la douce compagnie d'Hélène, répondit enfin à la recherche que miss Ledland faisait de de sa société. Fréquemment conduite par elle aux cercles de lady Spanton, les plaisirs l'environnaient. Son cœur, dirigé par des principes sûrs, n'avait rien à redouter des vices du grand monde, tandis que son esprit profitait de tout ce que les rapports de sociabilité offraient à son instruction. Jusques-là, elle n'avait eu aucune idée de la diversité de caractères des hommes. Elle ne connaissait d'autres modèles de mœurs, que les êtres respectables qui composaient sa famille et celle d'Hé-

8.

lène. La société lui offrit bientôt le
spectacle de toutes les variations du
cœur humain. Alors, elle sut que l'on
portait dans le monde un caractère
d'emprunt comme l'on prend un masque et un costume au bal. Jugeant des
autres, d'après son propre cœur, elle
avait cru que toutes les protestations
d'amitié , et les offres de services ,
étaient les expressions sincères des
sentimens. Elle eut lieu de remarquer
que toutes ces assurances étaient seulement des discours d'usage, qui, semblables aux jetons du jeu , n'avaient
qu'une valeur de convention.

Miss Ledland lui paraissait cependant véridique dans ses démonstra-
tions envers elle. Néanmoins, elle ne
concevait pas sur quoi se fondait l'amitié d'une personne qu'elle n'avait jamais recherchée, et dont les goûts,
l'humeur, les principes étaient oppo-

sition absolue avec les siens. Cette nouvelle amie lui montrait les prévenances
les plus flatteuses. Dans les cercles elle
lui donnait place près d'elle ; à la promenade, elle s'emparait de son bras ; et
s'il s'agissait d'une partie de carrick,
ce n'était jamais qu'à son refus, qu'elle
accompagnait sa sœur. Il ne manquait
donc à Agnès que d'aimer autant
miss Ledland qu'Hélène, pour avoir
remplacé complètement cette intime
amie de son cœur; car elle ne pouvait douter que la sœur de lady
Spanton n'eût pour elle toute l'affection que lui portait miss Welraydon.
Malheureusement, cet attachement n'é-
tait point partagé, et par conséquent
l'absence d'Hélène laissait dans le cœur
d'Agnès un vide que tous les soins
de miss Ledland ne pouvaient com-
bler. Agnès était trop franche, pour
affecter un retour de sentiment qu'elle

n'éprouvait point; mais en même-tems elle souffrait de se trouver en reste d'affection, à l'égard d'une personne dont elle se croyait tendrement aimée. Elle se fût un peu moins reproché sa froidenr, si elle avait pénétré le véritable but de miss Ledland, dans le soin qu'elle mettait à cultiver son amitié. Miss Ledland voyait tout ce que Rockbeach renfermait de plus aimable, former la cour d'Agnès. Elle calculait qu'en se rapprochant de cette compagne d'Hélène, elle partagerait avec elle le disque brillant qui l'environnait.

Frédéric avait intéressé, sinon le cœur, du moins la coquetterie de miss Ledland, moins encore par ses avantages personnels, que par l'espèce d'hésitation qu'il avait toujours mise à se prononcer entre elle et Hélène. Elle avait donc juré d'en faire la conquête, et c'était pour l'exécution de ce projet, qu'elle avoit voulu s'impatroniser près d'Agnès.

Lady Spanton était, à Rockbeach, la divinité à la mode. Ses brillans cercles, sa riche toilette, ses magnifiques équipages, son gros jeu, tout lui attirait un grand concours de monde. Chacun la regardait comme l'arbitre du bon ton, et ceux même qui, connaissant son origine, riaient de voir sur l'autel cette idole aux pieds d'argile, allaient devant elle fléchir le genou.

Au nombre de ces faux dévots, Agnès vit avec surprise Fairfax. Ce qui ajouta plus encore à son étonnement, fut de voir celui-ci porter la déférence pour lady Spanton, jusqu'à faire sa partie, et y supporter patiemment des pertes considérables, quoiqu'il détestât le jeu. Un jour elle l'en plaisanta, en lui disant que tout galant qu'elle le sût, elle ne le croyait point assez pour sacrifier des goûts raisonnables à des complaisances de société. Vous aimez la promenade ; les cartes vous déplaisent, lui dit-elle, et néanmoins vous renoncez aux beaux sites pour figurer dans un *Wisth* d'autant plus fastidieux, qu'il vous accable de pertes ».

— « Cela implique en effet contradiction, répondit Fairfax ; mais songez, mademoiselle, qu'en vivant dans la société, le premier devoir est de s'imposer le sacrifice de ses propres convenances, pour déférer à celles d'autrui. Cette loi étant réciproque, l'on retrouve le lendemain la complaisance dont on a fait l'avance la veille. La société ne se soutient que par cet échange de déférence ; et comme ce ménagement mutuel est devenu un devoir de civilité, il ne peut y avoir ni fausseté, ni adulation à s'en acquitter.

Cette manière de raisonner rendait

trop machiavélique le Code de la politesse sociale; et Agnès n'y trouvant
point la franchise qu'elle aimait par-
dessus tout, ne s'étonna que davantage
de voir une si mauvaise cause soutenue
par une défense pire encore.

Comme elle gardait le silence, Fairfax reprit l'apologie des convenances
de société, en lui disant que ce langage,
étrange pour elle, cesserait de l'être
lorsqu'elle aurait plus vécu dans le
monde.

Votre jeunesse, votre sexe, les talens
que vous cultivez, lui dit-il, sont autant de motifs, dont les uns vous font
un devoir de vivre isolée du monde,
tandis que les autres vous offrent un
dédommagement des plaisirs que vous
pourriez trouver à y exister. Quand
vous serez mariée, vos relations avec
la société auront des rapports plus éten-
dus qu'aujourd'hui. Alors, vous recon-

naîtrez l'impuissance d'exister dans ce
cercle, sans y pratiquer toutes les convenances dont les maximes sont maintenant pour vous un objet de blâme.
J'ai aussi partagé autrefois vos illusions.
Je me flattais, alors, que je pourrais
passer des jours heureux avec un petit
nombre d'amis de choix ; mais bientôt
le torrent des circonstances entraînant
aux usages communs vos amis d'élite,
vous êtes obligé de les suivre dans cette
excentricité, si vous ne voulez vous
condamner à un isolement, ou qui pro-
duit le *spleen*, ou que le spleen (1) fait
supporter ; car l'homme n'est point
destiné à vivre dans la sollitude, puisque ses besoins le mettent continuellement dans la dépendance d'autrui ».

Toute l'adresse des raisonnemens de
Fairfax n'empêcha point qu'elle n'a-

____

(1) Espèce de consomption morale, particulière aux Anglais.

perçut ce qu'ils avaient de faux en eux-mêmes, et ce qu'ils supposaient de peu noble dans le caractère de celui qui s'en étayait pour justifier des déférences serviles. Elle fut chagrine de trouver cette imperfection dans un homme qu'elle croyait doué de tous les avantages; et le contraste de la franchise de Darnly, avec la complaisance presque dégradante de Fairfax, fit un effet désagréable sur son esprit à l'égard de ce dernier.

— « Je suis à la vérité, répliqua-t-elle, fort novice dans le monde; mais tout ce qui est en opposition avec les principes de délicatesse, est apparent pour moi. Il me semble qu'en faussant la franchise par condescendance, c'est toujours sacrifier une vertu à un intérêt ».

— « Cela est vrai, strictement parlant, reprit Fairfax; mais il faut faire

II.   9

une application moins sévère des principes, surtout lorsqu'il s'agit d'une chose
aussi futile qu'une légère déférence
aux usages de la société. D'ailleurs,
cette composition avec une morale
austère n'est-elle point universelle?
L'intérêt personnel se mêle à tout
ce que nous faisons, et notre instinct
le fait entrer malgré nous dans nos
actions, quand nous cherchons à l'en
écarter. Ce calcul, étant réciproque
parmi les hommes, n'est réellement
nuisible à personne, et il empêche seulement que les autres n'empiètent sur
nous. C'est la limite qui borne la pro-
priété, et l'on ne peut trouver blâmable
que chacun la pose dans son domaine,

» Maintenant, vous réclamez la franchise, qui fait une loi de ne feindre aucun sentiment, tandis que les ménage-
mens de la société imposent celle d'en
simuler et d'en dissimuler. Mais son-

gez que tout cela existe dans un langage de convention, qui n'est qu'un voile
de gaze, dont l'on couvre les imperfec-
tions humaines, pour avoir le prétexte
de ne les point apercevoir. Il arrive
par fois que l'on rencontre des sociétés
près desquelles il n'y a point de fictions
à employer pour leur rendre un tribut
d'hommages; mais ces bonnes fortunes
sont rares.

» J'ai été assez heureux, miss, pour en
avoir une de ce genre, en faisant la connaissance de votre respectable famille.
J'avoue que je n'ai rien eu à feindre
pour l'honorer et la chérir, et j'ai mis
de la prétention à me montrer à elle
le plus agréable possible, afin d'en être
remarqué et accueilli. J'y ai réussi, plus
encore par son indulgence que par
mon mérite. En mettant ce succès au
nombre de ceux qui me sont les plus
chers, je desire de n'avoir rien perdu

dans votre esprit, par ma profession de principes à l'égard de la société. Vous reconnaîtrez en eux, par l'observation, la législation universelle qui régit le monde ».

— « J'ai déjà assez remarqué de vices dans la société, dit Agnès, pour admettre la nécessité de ne point s'en choquer ouvertement; mais, si je passe cette dissimulation comme nécessaire, il n'en est pas de même de simuler, dans les gens, des qualités, en remplacement des défauts qu'on leur connaît. C'est cependant ce que vous faites envers lady Spanton, que je vous entends louer en face de mille qualités, dont elle a tous les vices opposés ».

— « Lady Spanton est en effet une femme méprisable, reprit Fairfax, et personne plus que moi ne lui fait justice intérieurement. Tout l'odieux que paraît avoir ma conduite avec elle, dispa-

paraîtra devant vous, en considérant
qu'elle voit dans mon langage un simple
jeu d'esprit, dont je ne suis pas plus
dupe qu'elle. Croyez-vous que lorsqu'on
brûle un cierge au diable, il se prenne
pour un saint, et voie un dévot dans
celui qui le lui allume ? C'est absolument le cas de lady Spanton, relative-
ment à ceux qui lui témoignent de
l'estime ; et elle se connaît trop bien
pour ne point rapporter à son rang
tous les hommages que reçoit sa personne ».

Agnès, ne se sentant point capable de
repousser les sophismes de Fairfax,
abandonna ce sujet ; mais si son esprit ne
lui fournissait point d'argumens, son
cœur lui disait que les principes de son
père n'en étaient pas moins bons, et
qu'elle devait s'y tenir malgré l'impos-
sibilité où elle était de les défendre

contre la logique artificieuse dont on avait usé pour les combattre.

Il s'était passé environ une semaine, sans qu'aucunes nouvelles fussent arrivées de M. de Saint-Julien, lorsqu'on reçut de lui une lettre, annonçant son retour prochain. Rien n'égala la joie de la famille, à la réception de cette nouvelle, et l'on goûta d'autant plus le plaisir qu'elle devait naturellement causer, que déjà l'inquiétude de son silence se faisait sentir.

Fairfax arriva dans l'instant même où la famille était dans l'alégresse de cette nouvelle. Après avoir témoigné y prendre vivement part, il annonça l'ouverture du théâtre pour le lendemain, en ajoutant que le directeur recommandait ses efforts au public. Frédéric proposa de répondre à ses vœux en y allant tous. Cette partie de plaisir, se liant à un acte de générosité, ne pouvait qu'avoir l'assentiment de madame de Saint-Julien, et de lady Dentiffe. Tout fut donc arrêté en conséquence.

Agnès qui avait lu tous les théâtres des auteurs célèbres, sans avoir l'idée d'un spectacle dramatique, se félicita beaucoup d'être à la veille, enfin, de goûter ce plaisir tant désiré.

Les encouragemens que réclamait le directeur, étaient bien mérités, si en effet il avait rempli son engagement envers le public, en lui promettant une salle de spectacle; car il ne s'agissait de rien moins que de métamorphoser une simple grange en un théâtre dramatique.

Lady Spanton était venue se réunir avec sa sœur, à la famille Saint-Julien, pour se rendre de compagnie au spectacle fastueusement annoncé.

Rien n'égala la surprise du directeur,

en voyant cette brillante réunion. Dans l'excès de sa joie et de son étonnement, il resta en extase sans penser à délivrer les billets qu'on lui demandait. Enfin, le ton brusque de lady Spanton, en réitérant sa demande, lui fit connaître qu'il n'était point dans les délices d'un rêve, et que sa félicité était réelle. Dans son alégresse il ne se contenta point de donner les billets demandés, il voulut encore faire lui-même, à la brillante compagnie, les honneurs de son théâtre, en lui ouvrant les loges où il prétendait la placer.

On donnait *Alexandre-le-Grand.*

Le temple de Melpomène s'ouvrit, et lady Spanton recula d'horreur, devant des loges formées par des banquettes de bois brut, presqu'au niveau des bancs du parterre, et qui en différaient seulement par des séparations en planches, qui les faisaient ressembler à des échoppes de foire. L'on se plaça cependant , en s'égayant de ce que présentait de plaisant l'aventure.

Trois rideaux de serge, extraits d'un lit antique, composaient la toile qui séparait, à huit pieds de distance , les acteurs, du premier rang des spectateurs. Six vieilles lanternes de voiture , circulairement réunies par un fil de fer, composaient le lustre, et une trentaine de lampions garnis d'un suif puant complétaient le luminaire.

Frédéric et Fairfax étaient encore à égayer le monde de cent remarques plaisantes , sur le burlesque aspect de cette succursale des Muses Dramatiques, lorsque Madame Perkins entra , accompagnée de sa fille et d'Yoxford. Trouvant le premier rang occupé , elle la gronda du retard que sa toilette avait mis à leur arrivée, en disant que la politesse des Messieurs pouvait seule leur donner l'espoir d'être bien placées. Ce vœu n'étant accueilli d'aucun des auditeurs , il fallut bien se résoudre à prendre séance au second rang ; et si Madame Perkins s'en fâcha, il n'en fut pas de même d'Yoxford, très-satisfait de se trouver moins en vue, près du ridicule *coffre-fort* qu'il courtisait.

A la fin du second acte , la porte s'ouvrit, et Agnès s'étant retournée pour savoir qui entrait, elle aperçut Mélincourt qui la salua. Ne l'ayant point vu depuis leur rencontre dans le bois, elle l'avait supposé partie de Rockbeach ; mais un reste d'inflammation d'un de ses yeux lui fit présumer qu'il avait été retenu par un ophtalmie. Il paraissait éprouver une vive contrariété de ne pouvoir s'approcher d'elle ; mais à peine était-il arrivé , qu'un fracas terrible se fit entendre, par l'écroulement total des bancs du parterre. Des cris tumultueux

succédèrent au bruit de ce bouleverse-
ment; et le mouvement qui se fit dans
les *loges*, pour échapper à l'accident du
parterre, le produisit au lieu de l'empêcher, par l'ébranlement qu'il opéra
dans un échaffaudage mal assuré.

Cette nouvelle catastrophe étant arrivée, Mélincourt qui l'avait prévue, s'é-
tait élancé près d'Agnès pour la secou-
rir. En effet, sa légèreté jointe à son
adresse la sauva d'une chûte inévita-
ble. L'ayant mise en sûreté, il vola au
secours de Mad. de Saint-Julien et de
lady Dentiffe, qu'il vit toutes deux en-
gagées entre les banquettes et la balustrade de leur loge, dans l'alternative ou
d'y être écrasées, ou d'avoir à s'abîmer
dans la chûte dont les menaçait l'écroulement prochain des loges dans le parterre. Ces dames, à demi-évanouies
de frayeur, remercièrent leur libéra-
teur. Elles sentirent toute l'obligation

qu'elles lui avaient, en voyant le rang de loges qu'elles occupaient, se rompre, et tomber à l'instant même qu'elles en en eurent été enlevées par Mélincourt.

Lady Spanton et sa sœur eurent toute l'horreur de cette chûte. Frédéric, Fairfax ainsi qu'Audley la partagèrent : personne d'eux n'ayant pu se dégager du renversement des bancs sur la balustrade, à raison de ce que celle-ci, cédant au poids des corps et des masses de boiseries, ne fournissait aucun point solide de résistance, pour opérer un refoulement, à force de bras.

Lady Spanton fut grièvement froissée dans sa chûte ; mais sa sœur, plus légère, échappa à tout accident. Les hommes se tirèrent tous heureusement de la catastrophe. Quant à Madame Perkins, elle en fut quitte pour un bras foulé, et la perte de sa perruque, qui l'exposa, tête chauve, au rire de toute l'assemblée. Elle ne fit point seule pourtant les frais de la gaîté bruyante des spectateurs ; car Perkins qui s'était placé dans un angle des rangs de la salle, pour s'épargner un schelling, éprouvait le singulier accident de se trouver suspendu par une basque de son habit, à un crochet fixé au mur, et mis à découvert par la chute des boiseries. Retenu en l'air au milieu des décombres qui l'environnaient, il appelait piteusement à son secours, et chacun riant de sa mésaventure en voyait le burlesque, sans songer à ce qu'elle avait de dangereux pour le pauvre patient.

Sa perruque s'était aussi échappée de son poste dans la catastrophe, et Madame Perkins réclamant la sienne à hauts cris, un plaisant lui présenta celle de son époux.

Le froid qu'elle éprouvait à la tête, la fit se couvrir de cette étrange coiffure, et le rire reprit de plus belle, parmi les spectateurs.

Perkins jurant, tempêtant, et s'agitant à son crochet, augmentait la gaîté du public. Sa colère lui faisant oublier le danger de sa situation, il fit un mouvement si violent que son habit y cédant, il tomba dans le parterre en jettant un effroyable cri. Pour cette fois, on le secourut, et comme en le relevant l'on reconnut qu'il n'était nullement blessé, toutes les attentions se reportèrent sur le comique de la scène.

C'était Perkins apostrophant sa femme, et celle ci se lamentant sur la perte de sa perruque, quoiqu'elle l'eût provisoirement remplacée par celle de son mari. Cependant cette chevelure blonde de Bérénice se retrouva par les soins d'un pauvre homme, que l'espoir d'une récompense décida à la chercher parmi tant de désordre. Madame Per-

kins, en la revoyant, rayonna de joie ;
et pensant récompenser l'officieux auteur de cette réapparition de sa coiffure
artificielle, elle lui donna un demi-
schelling. L'homme, en même temps irrité et offensé d'un tel salaire, le jetta
loin de lui avec mépris, et Madame
Perkins l'ayant réprimandé grossière-
ment de cet affront fait à sa générosité,
il lui arracha des mains l'objet d'une
récompense si mesquine, et d'un tour
de bras il le fit voler à la rencontre du
demi-schelling.

Les rires reprirent sur nouveaux frais,
à cette expédition, et chacun se jettant
la chevelure flottante, elle parcourut
circulairement la salle, comme une co-
mète faisant sa révolution dans le ciel.
Enfin cet astre chevelu s'évanouit aux
yeux éplorés de madame Perkins qui,
après avoir été témoin des derniers
destins de sa chère coiffure, pressa son

mari de la reconduire. En cet instant, ils s'occupèrent de leur fille, qu'ils ne virent nulle part ; et pensant avec humeur qu'elle et Yoxford les avaient abandonnés dans cette confusion, ils partirent, en se promettant de les gourmander.

Arrivés à leur logis, ils apprirent avec surprise que leur fille n'était point rentrée. L'inquiétude les gagnant, ils envoyèrent les domestiques à sa rencontre, et Perkins y fut de son côté. Les enquêtes l'informèrent bientôt que la personne désignée avait été vue partant en chaise, attelée de quatre chevaux, avec un jeune homme, et prenant la route d'Écosse. A cette nouvelle, Perkins, ne doutant plus de son malheur, vint l'annoncer à sa femme, en jurant que son *gendre malgré lui* n'aurait jamais un schelling de son vivant ; mais madame Perkins, se consolant de ce mariage à *guet-à pens*, en songeant que sa fille aurait un gentilhomme pour époux, n'omit rien pour appaiser son époux irrité. Elle réussit enfin à lui donner des sentimens plus traitables, et il fut résolu qu'une annonce des papiers publics les informerait de leur pardon.

Lady Dentiffe avait été si sensible aux secours empressés qu'elle avait reçus de Mélincourt, qu'elle l'avait invité de la manière la plus pressante à lui rendre visite le lendemain, pour le remercier des bons offices auxquels elle se croyait seule redevable de n'avoir point été blessée, ainsi que madame de Saint-Julien. Mélincourt éluda avec modestie, la gratitude dont cette dame se montrait si vivement pénétree ; mais quant à son invitation, il l'accepta avec la plus grande démonstration de plaisir, en lui disant qu'il était trop heuroux de devoir une si haute faveur à un si petit service.

CHAPITRE XIX.

L'ARRIVÉE de lady Allanson devait faire époque dans la vie de madame de Saint-Julien, comme l'évènement le plus désagréable qu'elle eût encore encouru depuis son mariage. La connaissance du cœur humain lui faisait calculer des chances possibles de ruptures, entre lady Dentiffe et elle; car l'amour-propre nous rend insupportable le blâme de nos égaux, lorsqu'il improuve nos sentimens pour des inférieurs. Ce n'etait point là d'ailleurs le seul achopement, susceptible de briser l'affection de lady Dentiffe pour madame de Saint Julien. En effet, celle-ci indignée des procédés de lady Allanson se trouvait obligée, par le sentiment

de sa propre dignité, de repousser,
au moins, ses mépris par des froideurs.
Il pouvait se faire que la fierté de lady
Dentiffe s'irritât de cette lutte, dans
laquelle elle verrait l'humiliation d'une
sœur chérie. Déterminée cependant à
ne point plier sous le joug des prétentions d'une femme injustement hautaine, elle se soumit à tous les résultats
de l'évènement, sans oser se promettre
que les intérêts de ses enfans ne souf-
fraient point de tout ce conflit.

Enfin, le jour où devait arriver lady
Allanson se montra, et madame de
Saint-Julien, pour faire preuve de ses
bonnes dispositions envers cette dame,
accompagna lady Dentiffe, lorsqu'elle
se rendit à l'hôtel où devait descendre
sa sœur.

Une heure s'était à peine écoulée,
depuis leur entrée dans l'hôtel où était
attendue cette dame, lorsqu'une élé-

gante berline, attelée de six chevaux brillans, et précédée de deux domestiques en postillons, s'arrêta à la porte de l'hôtellerie.

Cet équipage était celui de lady Allanson ; et l'un des trois laquais qui en décoraient le derrière, sous une riche livrée, vint en ouvrir la portière.

Aussitôt parut sur le marche-pied un élégant et beau jeune homme, qui présenta successivement la main à une dame de moyen âge, et à deux jeunes demoiselles, dont l'une était facile à reconnaître pour la sœur du cavalier, par son extrême ressemblance avec lui.

Madame de Saint Julien sentit ses traits s'altérer, lorsqu'elle vit toute cette famille entrer sous la conduite de lady Allanson. Celle-ci donna le bonjour à sa sœur ; et se disant excédée de fatigue, elle se jetta sur un canapé, sans faire nulle attention à madame de

Saint-Julien, qu'elle imagina bien devoir reconnaître, dans la dame dont sa sœur était accompagnée. L'aînée de ses filles suivit son exemple, mais la plus jeune rougit et resta de bout. Cette censure respectueuse de la conduite de sa mère donna bonne opinion d'elle à madame de Saint-Julien, et lui fit dès-lors apprécier tout ce qu'il y avait d'aimable dans cette jeune personne, dont la beauté d'ailleurs était des plus remarquables.

Lady Dentiffe prit la main de madame de Saint-Julien, et la présenta à sa sœur. Celle-ci la reçut avec une froideur si évidente, que madame de Saint-Julien vit dans cet accueil, qu'en écrivant elle n'avait point exagéré ses sentimens.

Sa figure, son attitude de tête avaient de la noblesse; son maintien en montrait également; mais elle avait dans

les yeux une expression de dureté dé-
daigneuse , qui donnait un caractère
désagréable à sa physionomie.

Miss Allanson était l'exact pendant
de sa mère ; mais Emilie paraissait un
ange de douceur, même sans le contraste de sa sœur.

Elle s'avança vers sa tante , dès qu'on
l'eut fait reconnaître , et lui prenant
respectueusement la main , elle expri-
ma le plaisir qu'elle ressentait à voir
en elle une parente si proche.

— « Quant à moi , dit le jeune homme, en venant gaîment à la rencontre
de madame de Saint-Julien , permettez-
moi, ma chère tante , de vous présenter mon hommage , et croyez que le
major Allanson ne forme point un vœu
plus cher que celui de se dévouer à
votre service, et de faire bientôt la
connaissance du reste de la famille ».

Ce jeune homme avait une aisance

aimable et franche dans toutes ses manières.

Madame de Saint-Julien, en voyant
cette agréable moitié de la famille de
sa belle-sœur, résolut secrètement de
passer en faveur de son neveu et de sa
jeune nièce, sur tout ce qui ne serait
point trop choquant dans les procédés
de lady Allanson et de sa fille aînée.

Elle répondit au jeune major, ainsi
qu'à sa sœur, avec cette onction douce,
particulière aux cœurs sensibles, et
les assura qu'ils trouveraient en elle
toute la chaleur de l'amitié, comman-
dée par les liens du sang.

— « Pardonnez - moi, lui dit - il, si
l'impatience de voir mon cousin et ma
cousine me fait prendre congé de vous
pour aller les embrasser ; mais je m'en-
gage à revenir dans un instant avec
eux ».

En achevant ces mots, il avait déjà

gagné la porte, lorsque sa mère le rappela d'une voix sévère.

Un sourcillement expressif ne laissait point douter qu'elle n'improuvât fortement l'empressement de son fils.

Le jeune homme ne tint point compte de l'appel de sa mère. Il se contenta de lui répondre d'un ton léger et badin, qu'il allait revenir à l'instant. Elle refusa de se rendre à cette promesse, et réitérant son ordre, elle voulut fixer près d'elle le jeune homme, qui s'approchant lui remit sa montre, et prit la fuite, en l'assurant qu'il ne serait qu'un quart-d'heure à revenir.

— « Comme Harry se comporte ridiculement, s'écria lady Allanson ! Il nous quitte pour errer à l'aventure dans un lieu qu'il ne connaît point, et courir à la rencontre de personnes qu'il n'a jamais vues »

— « Je vois, ma chère sœur, dit

lady Dentiffe, qu'il est toujours aussi léger qu'autrefois ; mais cette pétulance est le défaut des bons cœurs. Les méchans seuls répriment leur premier mouvement.

— » En vérité, reprit lady Allanson, je désirerais au moins que la réflexion le fît agir plus lentement ; mais c'est comme une balance qui, mue par une forte impulsion, emporte jusqu'à ses contre-poids. Son père l'a gâté, en le laissant de bonne heure se gouverner à sa guise, et il ne fait pas grande attention à mes ordres.

— » Cela ne tient point certainement, ma sœur, à l'intention de vous désobéir, reprit lady Dentiffe ; mais en lui l'action est si impétueuse qu'elle s'opère aussi promptement que la pensée.

— « Nous savons, ma tante, dit

II.   II

miss Allanson, que mon frère est votre favori.

— » Non, ma chère, répondit lady Dentiffe. Je vous aime tous d'une affection égale, et le ciel me préserve de cette injustice qui fait porter des préférences parmi des êtres qui ont tous les mêmes droits sur mon cœur. Ce sont de semblables partialités qui fomentent les jalousies et les inimitiés dans les familles. Jamais je ne jeterai dans la mienne ce germe de division ».

Il y avait dans le regard de lady Dentiffe une expression qui donnait un sens allusif à ce discours ; mais lady Allanson fut la seule qui le saisît ; car pour madame de Saint-Julien, elle était trop occupée de ses propres idées et de sa désagréable situation, pour se livrer à ce travail d'esprit.

Cependant lady Allanson et sa fille aînée n'avaient encore adressé ni un mot, ni même un regard à madame de Saint Julien.

Quant à Emilie, elle portait l'attention la plus délicate à distraire sa tante de cette négligence insultante. Pour y réussir, elle prit un siége près d'elle, et l'occupa de mille informations relatives à son oncle, à son cousin et à sa cousine.

Madame de Saint-Julien, qui voyait le but de ses soins, lui en savait le meilleur gré ; et lady Dentiffe, le saisissant également, l'encouragea, en se joignant à la conversation.

Sa mère ne lui laissa pas long-temps la jouissance de sauver à sa tante le sentiment d'une situation croissant toujours en désagrément ; car elle lui dit avec humeur de l'accompagner dans son appartement.

Elle se retira en effet, en disant à lady Dentiffe qu'elle tarderait peu à revenir, et sortit sans porter un regard sur madame de Saint-Julien.

Ausssitôt cette retraite, madame de Saint-Julien représenta à sa belle-sœur combien elle avait à souffrir de pareils procédés, et lui témoigna le désir de ne point lutter en vain plus long-temps contre une inimitié invincible.

— « Je vois avec peine, lui répliqua-t-elle, l'épreuve à laquelle je vous soumets pour amener un rapprochement que je me plais à ne point croire impossible ; mais croyez, ma chère sœur, que mon intention n'est pas de porter cette expérience au-delà de certaines bornes ; car je sais ce que je dois à l'épouse d'un frère chéri, et ce qu'elle se doit à elle-même. Ainsi, croyez que les choses ne seront point poussées trop loin, et qu'incessamment lady Allanson aura à prononcer si elle veut ou non être votre amie. Permettez que j'aille la retrouver dans son appartement ».

Madame de Saint-Julien y consentit, en la saluant amicalement, et prit un livre pour charmer sa solitude, en se distrayant des pensées désagréables qui l'obsédaient.

Une demi-heure s'était écoulée, lorsqu'elle entendit marcher vers la pièce où elle était. Bientôt elle vit rentrer toutes les dames.

Lady Allanson, montrant un front moins sourcilleux, s'excusa près de madame de Saint-Julien, de l'avoir laissée seule; et en déguisant le plus possible la violence qu'elle se faisait, elle paraissait vouloir lier avec elle une conversation.

Heureusement pour l'une et pour l'autre, que le jeune Allanson revint en cet instant.

— « Voyons, dit il, en s'approchant de sa montre restée sur un canapé, si

mon quart-d'heure est expiré. Ciel ! s'é-
cria-t-il, en sautant en arrière de surprise, il y a une heure que je suis parti !...
Au fait, ajouta-t-il, cela n'est point
trop étonnant, car j'ai passé mon temps
à contempler une divinité. Les momens
ainsi employés s'écoulent rapidement.
Vous dire si l'objet de mon adoration est une déesse sortie de l'olympe,
de la mer ou des forêts, c'est ce que
j'ignore, malgré mon impatience de le
savoir ; mais je n'ai pu m'en informer
qu'en m'adressant à un vieillard sourd,
qui m'a fait mille fois donner au diable,
avant que je renonçasse à l'apprendre
de lui. En effet, lorsqu'ayant lassé mes
poumons pour me faire entendre, je
lui montrai l'objet de mes questions, il
crut que je lui parlais d'un site, et il
me répondit qu'il offrait une très-belle
vue. Obligé de renoncer à être entendu
du roi des sourds, je pris congé de lui,

et je l'entendis me dire que non-seulement le pays était beau, mais qu'il était aussi fort sain ».

— « Alors je devine, dit Emélie, que votre admiration vous aura fait oublier votre empressement à vous rendre chez notre cousin et notre cousine ».

— « En effet, reprit Harry, je n'y ai point été, mais ce n'est pas un oubli qui en est cause. Je m'étais lié par la promesse de revenir ici dans dix minutes; et comme c'est en allant chez nos jeunes parens que je fis la rencontre de ma divinité, je m'aperçus que le temps consacré à l'admirer avait au moins absorbé celui assigné pour mon retour. Ne voulant point être en retard contre ma parole, je m'empressai de revenir. J'ai le chagrin de voir pourtant que mon zèle à être exact n'a point eu grand succès ».

Ce jeune homme était le seul fils du lord Allanson , seigneur fort orgueilleux du nom , des titres et des richesses de ses ancêtres. Son fils était pour lui la pierre angulaire de maints projets ambitieux. Splendide alliance , grands honneurs , immense fortune , il voulait tout accumuler sur sa tête. Tous ces rêves de l'orgueil le lui rendaient extrêmement cher : aussi le jeune homme n'avait-il jamais été contraint sur rien , parce que , le destinant à commander un jour despotiquement , il voulait l'accoutumer de bonne heure à ne rencontrer jamais d'obstacles à ses volontés.

Le bon naturel du jeune homme, en résistant à une telle éducation, prouve qu'il est des cœurs que rien ne peut corrompre; semblables à certaines complexions de tempérament qui rendent inaccessibles aux maladies les plus contagieuses.

Son père, courtisan adroit, et parle-
mentaire infidèle, avait échangé les
foudres éloquentes de l'opposition, contre les grâces de la cour, et les faveurs
de l'échiquier. Des honneurs brillans,
et des charges lucratives élevaient au
faîte des grandeurs et des richesses son
ambition et sa cupidité.

Il destinait à son fils cette brillante
succession de charges et d'opulence ;
mais celui-ci alliait les talens de son père
à un caractère tout opposé. Un cœur
franc, généreux, le rendait incapable
de feinte, et inhabile aux calculs de l'intérêt. Ces vices radicaux forcèrent son
père à lui choisir une autre carrière que
celle des emplois de cour, et il fut bre-
veté d'un majorat aux armées.

Ce jeune homme s'était fait estimer
de ses chefs, par sa bonne conduite ;
chéri de ses camarades par ses qualités aimables, et adoré de ses infé-

rieurs par sa justice, son indulgence et sa générosité. Une imagination ardente que tout entraînait, un esprit léger, volage, que rien ne fixait, une gaieté folâtre, inaccessible à tous soucis, le rendaient indomptable. Sa mère s'armait en vain de sévérité contre lui, pour réprimer les espiégleries qu'il projettait, ou blâmer celles qu'il avait faites : rien ne lui imposait la loi.

Lady Allanson l'aimait beaucoup, mais de ce sentiment qui le lui représentait comme le seul soutien du nom de sa famille ; car toute l'affection de son cœur était pour sa fille aînée.

Quant à Émilie, elle était le malheureux objet de son despotisme maternel, le jouet de ses caprices ; mais l'amitié excessive de son bon frère la dédommageait de tout ce qu'elle avait à souffrir de la tyrannie et de la négligence de sa mère.

L'extrême gaieté d'Harry amusait beaucoup madame de Saint-Julien. Elle était d'autant plus disposée à goûter ce plaisir, qu'enfin lady Allanson s'était relâchée avec elle de ses grands airs, et lui montrait quelqu'aménité. Quoique ce changement ne pût être présumé dû qu'aux remontrances de lady Dentiffe, il flattait madame de Saint Julien, en lui donnant au moins l'espoir de la tranquillité.

Quand elle et lady Dentiffe prirent congé de lady Allanson, elle lui demanda son agrément, pour lui présenter le lendemain son fils et sa fille. Ce consentement ayant été exprimé avec assez d'empresssement, elle se retira satisfaite.

Pendant la sortie qu'avaient faite de chez elle lady Dentiffe et madame de Saint-Julien, Mélincourt s'était présenté à leur hôtel, pour leur rendre visite.

On le conduisit au salon , où il trouva Agnès terminant l'esquisse d'un charmant paysage, dont sa promenade du matin lui avait fourni le sujet.

Mélincourt, grand ami des arts , et dessinateur excellent, trouva dans le travail d'Agnès beaucoup de goût, une grande entente de perspectives et infiniment de netteté dans le trait de crayon.

— » Quelle agréable occupation , dit-il, que celle de perpétuer ainsi le souvenir des beaux sites, dont nos yeux furent flattés!... Quel plaisir de reproduire en nous, à volonté, par la vue de notre ouvrage, les délicieuses sensations que nous ont fait éprouver les objets originaux que notre portefeuille nous retrace!

» J'ai esquissé, continua t-il, différentes vues de la promenade charmante, que j'eus l'inexprimable plaisir de faire dernièrement avec vous, quoique je n'eusse pas besoin des secours de mes crayons, pour conserver la mémoire de cette excursion.

» Voici ce travail, ajouta-t-il, en tirant de sa poche un porte-feuille qui le renfermait; et Agnès reconnut l'imitation parfaite des lieux qu'elle avait parcourus ».

Les sites de la forêt offraient réuni, ce qu'elle présentait de plus pittoresque et de plus doux. Il semblait que la nature elle-même se fût empreinte sur le papier.

— » Quand je serai loin de ces lieux, mon porte-feuille me retracera les sites enchanteurs que j'y rencontrai; mais d'autres souvenirs, étrangers à mes crayons, me seront encore plus chers».

Agnès rougit; mais cette impression se dissipa, lorsque Mélincourt reprit la parole.

II.					12

— « Je suis redevable à lady Dentiffe de l'entrée de cette maison, mais j'ai le regret de ne profiter de son invitation que pour venir faire des adieux, tandis qn'il m'eût été si doux d'en user, pour goûter le plaisir d'une société charmante !

— » Vous allez donc nous quitter, demanda Agnès ?

— » Oui, miss, reprit Mélincourt ; mais cette absence, j'espère, ne sera point de longue durée. Une indisposition qui me prit dès le lendemain du jour où je passai près de vous une si agréable matinée, retarda le voyage, que je vais faire maintenant, pour rejoindre un ami malade, dont j'attendais le rétablissement pour le ramener avec moi ; mais comme sa maladie date du temps où je fus moi-même indisposé, je me flatte de le trouver en état de me suivre , dès que j'arriverai près de lui ».

Agnès se souvenant alors de la curiosité qu'avait eue Hélène de savoir si Mélincourt était la personne à qui Darnly devait le service d'avoir été secouru lors du versement de sa voiture, éprouva le desir de s'en assurer; et comme elle y mit quelqu'hésitation, Mélincourt, en se levant pour prendre congé, lui fit perdre l'occasion de s'éclaircir là-dessus.

— « J'ose me flatter, Miss, qu'avant peu j'aurai l'honneur de vous revoir. Il me faut cette espérance, pour dominer en moi le regret de ne pouvoir profiter, de l'accueil de lady Dentiffe. Sans doute le bois romantique où j'eus l'honneur de vous rencontrer, sera plus d'une fois votre promenade en mon absence, et de mon côté je m'y transporterai souvent en imagination , en revoyant les paysages que j'ai tracés de ces beaux lieux, à jamais gravés dans ma mémoire par mille souvenirs épisodiques ».

Mélincourt, ayant fait ses adieux, sortit, et Agnès reprit ses crayons ; mais après avoir travaillé quelques instans, elle se trouva si peu disposée à continuer, qu'elle prit un livre et alla se promener sur le rivage.

Elle y était depuis peu de temps, lorsqu'elle aperçut un cavalier la suivant à peu de distance. Elle continua sa marche à pas lents, et bientôt le personnage la dépassa, en l'examinant d'une manière attentive. Peu après, il la croisa de nouveau, et ne tarda point ensuite à revenir vers elle, en lui présentant fort civilement un papier, qu'il présumait, lui dit-il, être tombé de son livre. Effectivement, l'ayant reconnu pour lui appartenir, elle le remercia de ce soin, et reprit sa promenade, qu'elle s'aperçut partager encore, malgré elle, avec le même individu. Cet acharnement à la suivre lui causant quelqu'embarras, elle fit un circuit, et regagna d'un autre côté son hôtel.

Chemin faisant, elle fut rencontrée par Fairfax, qui se félicita fort de cet avantage. Elle lui trouva un air contraint, réfléchi et triste, qui l'étonna par le contraste de sa gaîté ordinaire. Le croyant malade, elle lui demanda de quelle affection sa santé souffrait?

— « L'intimité est si grande entre l'esprit et le corps, répondit-il, que l'un ne peut être affecté sans que l'autre n'en éprouve quelqu'altération. Des circonstances plongent mon âme dans un état de mélancolie, et il faut bien que mon physique se ressente de cette disposition morale. En attendant que

l'équilibre soit rétabli en moi, je m'é-
loigne de la société, car je ne saurais
y porter cette attention à plaire, qui
naît du desir d'y réussir, joint à une
grande liberté d'esprit. L'on ne peut
pas voir le monde, comme l'on fré-
quente ses amis ; dans l'un, il faut toujours porter l'éclatante livrée du plaisir, tandis que chez les autres c'est un
devoir même de n'y point cacher ses
chagrins, puisque les délices les plus
grands de l'amitié sont dans les con-
fidences des peines, et les consolations
que l'on reçoit en échange d'un épan-
chement sincère de l'âme.

— » Je sens, répondit Agnès, tout
ce que peut avoir de délectable le
commerce de l'amitié, dans une situation d'esprit semblable à la vôtre ;
mais, d'après notre dernière conversation, je n'aurais point pensé qu'elle fût
un obstacle qui vous fît renoncer mo-

mentanément à la société. Effectivement, tout votre système de relations
avec le monde portait sur la nécessité
d'y faire abstraction de soi-même,
pour se consacrer aux plaisirs des autres ; et je vous trouve maintenant
en défaut sur les préceptes de votre
art social, parce que vous avez un peu
de sombre dans l'esprit ! Vous est-il
donc plus difficile de dissimuler un
malaise du cerveau que la révolte d'un
principe d'honneur, contre les louanges
qu'il faut, selon vous, savoir donner
au vice même dans la société ?

« Il y a beaucoup de finesse, mademoiselle, dans la manière dont vous
prétendez me rétorquer; mais je vous
observerai qu'en vous énonçant mes
idées sur les dispositions qu'il faut porter dans le monde, j'ai été loin de vous
dire qu'elles n'imposassent point un
travail à l'esprit. Au contraire, dans

mon système, tout exige une continuelle
application de tête. L'art de plaire n'est
qu'un jeu, mais un jeu dont les combinaisons sont profondes, et par conséquent
obligent à une contention perpétuelle.
Or, tout travail nécessite du repos, et
vous voyez qu'indépendamment d'une
affection absolue d'esprit et du corps,
qui rend impossible toute application, il
faut toujours quelques momens de re-
lâche au cerveau, qui ne serait occupé
même que de simples calculs de jeu.
L'homme est organisé de manière qu'il
passe presque subitement du désespoir
à la gaîté. Il conserve dans sa maturité
tous les contrastes de l'enfance. Les
objets de ses peines et de ses plaisirs
changent seuls pour lui dans ces deux
âges, car pour leur influence sur lui,
elle est absolument la même. Cette ver-
satilité est justement ce qui le rend
aimant et sociable. Dans ses peines, ses

ennuis, dans le vague de son cœur, il a besoin des affections tendres de l'amour et de l'amitié, tandis que des sensations fortes, abondantes, et le feu de son imagination le portent à rechercher les plaisirs variés de la société. La disposition actuelle de ma tête me fait trouver du charme dans l'isolement, n'ayant personne que j'intéresse assez pour soulager mon cœur par la confidence de mes peines et l'espoir des consolations de l'amitié »...

— « Avec quel plaisir, reprit Agnès, je vous offrirais ce double adoucissement à vos chagrins, s'il était en mon pouvoir de vous le donner !..... Mais mon âge, mon inexpérience ne pourraient que me faire prendre intérêt à votre récit, sans me fournir aucun autre moyen d'alléger vos peines, puisque vous ne trouveriez point en moi les conseils qui sont la source réelle des consolations ».

— « Ah ! répondit Fairfax, ne suffit-il point au malheureux de trouver
un être sensible à son affliction, pour
éprouver quelqu'adoucissement ! C'est
à votre âge, c'est dans votre sexe ,
qu'existe cette sensibilité d'âme si douce
pour ceux qui en sont les objets.
D'ailleurs, toutes les peines dont nous
souffrons, ne sont point de nature à
nécessiter des conseils, et les miennes
sont de ce nombre. Elles prennent leur
source dans un ancien attachement de
cœur, dont le mauvais succès m'a fait
traverser mille événemens malheureux,
qui viennent enfin d'aboutir à la dernière catastrophe de l'infortune. L'objet de cet attachement était un de ces
êtres charmans , faits pour influer
sur toute l'existence des hommes
dont ils accueillent ou rejettent les

vœux. En voyant agréer les miens, je crus à ma félicité éternelle. Trois années s'écoulèrent dans un rêve délectable, et lorsqu'après cette durée d'un bonheur sans mélange, l'hymen dût enfin cimenter mes droits sur un cœur que le sentiment avait déjà mis en ma possession, j'appris que le mariage allait l'unir à un autre. Je ne vis dans cette information qu'une calomnie ridicule, dont à peine je daignais m'éclaircir, lorsque ma première démarche m'assura, qu'excepté moi, personne n'ignorait cette disposition. Mon cœur porta tout le poids de cette trahison, et je m'interdis des reproches au moins inutiles; car l'infidèle eût pu même s'en faire un mérite près de l'homme auquel elle m'avait sacrifié par l'appat d'un titre que je n'avais point encore, et de quelques richesses, au-delà de celles dont je pouvais lui offrir l'hommage.

Le chagrin mortel que je cachais sous
le silence, la froideur et le mépris, me
détermina à voyager ; et pour qu'au-
cuns soucis ni soins n'arrêtassent mes
pas, je remis mes intérêts de fortune
à un ami dont je croyais la fidélité à
toute épreuve. Plusieurs années paraissaient avoir justifié ma confiance ; mais
elle vient d'être cruellement trompée,
car je reçois l'affreuse nouvelle qu'il ne
me reste rien, et que c'était mon capi-
tal que je consommais, quand je croyais
à peine m'alimenter de mon revenu.
Il n'est point de remède à ce mal. Je
suis ruiné sans ressource et sans recours, car l'homme qui m'a dépouillé
s'est mis à couvert par toutes les fraudes
que cimentent les lois.

— « Grand Dieu s'écria Agnès,
avec toute l'émotion de la sensibilité,
qu'allez vous faire dans une telle dé-
tresse ?

— « Je ne sais, répondit - il ; mais je ne vois d'autre moyen que de solliciter maintenant ce que je refusai de la protection du duc de........ Ainsi, cette indépendance qui faisait le charme de ma vie, sera sacrifiée aux besoins de mon existence ; et un cœur fier, que je sentais palpiter d'indignation, à l'idée d'un joug, va se courber de lui-même pour le subir !.... Non, je ne me livrerai point à cette humiliation.... Il est des moyens qui affranchissent une âme noble de la sujétion sous laquelle plient volontairement les êtres faits pour la servitude ; et renoncer à sa dignité personnelle, n'est ce point avoir déjà consommé le suicide, contre lequel les lois, la morale, la religion, et surt-tout la faiblesse humaine cherchent à nous prémunir ? Le courage s'éprouve, dit-on, par la douleur.... Non ; car l'espoir est toujours le soutien de la patience , et celui qui sait abjurer l'espérance consolatrice de tous les maux , montre seul cette magnanimité dont se parent à tort ces êtres pusilanimes , ne supportant les calamités de la vie que faute de savoir s'y soustraire par la mort.

— » Vous me faites frémir ! dit Agnès.... Pour Dieu , abandonnez ces pensées révoltantes et sinistres !

» Ne vous en affectez point, Miss , ajouta Fairfax ; elles n'émanent d'aucun sentiment de douleur , et n'en excitent point en moi. Il est au-dessus de mon âme de se laisser troubler par la peine ; et si je fais un choix entre la vie et la mort , ce sera avec froideur que j'y procéderai : absolument, comme si , devant faire un voyage en Europe , il s'agissait de le diriger du midi au nord , ou du nord au midi ».

Agnès voyait , avec un étonnement

mêlé d'admiration, l'âme stoïque de Fairfax; et la sensibilité qu'il avait montrée aux malheurs de la famille Montagne, contrastant avec sa fermeté dans ses propres infortunes, elle était émerveillée de la sublimité d'âme qui ressortait de cette opposition.

— « Promettez-moi, lui dit-elle, de recourir au duc de..... Votre infortune, vos talens, vos vertus, votre courage sont des titres trop nobles à ses yeux, pour que vous ayez à rougir de la faveur qu'ils vous obtiendront ; et sûrement le ministre, en vous employant, croira moins faire encore pour vous que pour votre patrie et votre prince !

— « J'éprouve un vrai plaisir, Miss, reprit Fairfax, à me montrer sensible à l'intérêt que j'ai le bonheur de vous inspirer; et c'est assez de cet avantage pour m'attacher à la vie. Je vais in-

former la duc de......... de ma catastrophe, et je mettrai le plus grand empressement à vous faire connaître ce que
sa sollicitude pour mon sort m'aura fait
obtenir de lui ».

L'arrivée de Frédéric et d'Audley
mit fin à cette conversation ; et comme
Fairfax n'était point dans une situation
d'esprit assez libre pour lier une conversation ordinaire, il prit congé et se
retira.

CHAPITRE XX.

LE jour suivant, dès l'heure où lady
Dentiffe supposa que sa sœur devait
être prête à la recevoir, elle prit le
bras de Frédéric ; et disant à Agnès
d'en faire autant, ils s'acheminèrent
vers l'hôtel de lady Allanson.

Ils la trouvèrent assise auprès de sa
fille aînée, indolemment couchée sur

un canapé, tandis qu'Emilie et son frère feuilletaient un porte-feuille de dessins gravés.

Lady Dentiffe présenta les jeunes gens à sa sœur, en lui faisant d'eux un éloge flatteur.

Pendant ce temps, miss Allanson, sans changer d'attitude, considérait Frédéric avec un air de satisfaction, et Agnès avec le regard pénétrant d'une curiosité avide de trouver un objet de critique.

Agnès échappa à cet examen, en se détournant du côté d'Emilie, qui lui présenta une de ses mains en signe d'amitié, en lui prenant la sienne de l'autre.

Quant au major Allanson, elle vit en lui avec surprise le cavalier qui avait la veille troublé sa promenade; et celui-ci, non moins surpris de cette rencontre que de la première, témoigna un vif plaisir de trouver une proche parente, dans une personne qu'il avait vue déjà avec tant d'intérêt sans la connaître.

— « Je n'eusse jamais osé m'attendre, dit-il, au bonheur qui m'était réservé; et si un bon génie me l'eût fait savoir, je n'eusse pu me décider à vous rester étranger jusqu'à présent ».

— « Mais d'où connaissez-vous donc miss Saint-Julien? dit lady Allanson à son fils ».

— « D'une rencontre dans un salon assez vaste, répondit-il; car nous nous sommes vus sur le rivage de la mer.

La fortune m'était favorable en cet instant; mais en sa qualité de femme, elle a accompagné d'une malice le plaisir dont elle me fêtait à mon arrivée ici; en ce que me faisant voir ma belle cousine, elle me cacha que je dusse le lendemain trouver en elle une personne à qui nous eussions l'avantage d'être liés par *la parenté* ».

Lady Allanson, à ces derniers mots, *jetta* sur son fils un coup d'œil exprimant le mécontentement ; mais cette réprimande muette fut sans effet, car le jeune homme à l'instant même s'avança vers Frédéric, et lui faisant le serrement de main le plus cordial, il lui déclara éprouver la plus vive satisfaction de le voir.

Lady Dentiffe se félicitait extrêmement de voir une liaison s'établir dans une partie de la famille. Elle espéra que le temps amenerait les mêmes rapprochemens dans le reste.

Agnès et Frédéric, ne s'étant point attendus à cet accueil, en ressentirent une grande joie, et tous deux formèrent intérieurement le projet de se rendre agréables à toute la famille, pour se composer une société journalière des deux personnes qui en formaient partie.

Le caractère de Frédéric, et celui du major Allanson sympathisaient par la franchise, le naturel et l'extrême gaîté. Tous deux se plurent au premier abord, et leur enjoûment excité l'un par l'autre donna à la conversation un si grand charme, que l'heure du dîner était arrivée sans qu'on s'en fût aperçu. La montre de lady Dentiffe l'ayant fait souvenir de cet oubli, elle se disposa à partir. Avant de quitter, elle prit à part sa sœur pour lui annoncer le retour prochain de M. de Saint-Julien, et la prier de lui donner la satisfaction de se trouver chez lui pour le recevoir.

Lady Allanson montra à cette proposition un si grand air de dédain, que sa sœur, ne prévoyant point une réponse favorable, chercha à l'éviter en se tournant vers Frédéric et Agnès, faisant et recevant les adieux les plus affectueux.

Allanson, témoignant le desir de donner le bras à sa cousine, avait déjà pris
son chapeau pour cette sortie ; mais sa
mère le retint, en lui disant avoir à
concerter avec lui des réformes à faire
dans le domestique trop nombreux,
qu'ils avaient, pour la capacité de leur
logement.

Lady Dentiffe, en réfléchissant à l'i-
rascibilité de sa sœur, désespéra d'amener le raccommodement qu'elle avait
projeté.

La dignité hautaine lui avait toujours
paru une grâce dans les personnes nobles de son sexe ; mais comparant la
fierté de miss Allanson avec l'aménité
enchanteresse d'Agnès, elle commença
à reconnaitre que l'orgueil d'un port de
tête n'était point le charme le plus sé-
ducteur d'une femme, et que la douceur des manières s'alliant presque toujours à des qualités de cœur, incompa-

tibles avec la rudesse des âmes vaines, l'affabilité était préférable à l'arrogance. D'ailleurs, la conformité des airs d'Emilie avec ceux d'Agnès lui démontrait que le ton superbe était moins le cachet de la noblesse qu'un vice d'éducation.

Émilie, négligée par sa mère, n'avait point été formée aux prétentions de l'orgueil. Une femme, d'un mérite rare, vertueuse, aimable, chargée de son éducation, avait fait découler dans son esprit une instruction douce et agréable. Le cœur de son élève avait obtenu d'elle les mêmes soins. Pour compléter l'œuvre d'une parfaite éducation, elle lui avait inspiré la plus grande modestie sur tous les avantages qu'elle tenait de la nature et de l'étude. A la faveur de cette simplicité, la charmante personne se croyait inférieure à tout le monde; et en voyant

sa sœur aînée l'objet exclusif des attentions de sa mère, elle se persuadait
que cette préférence était méritée par
la supériorité de ses avantages. Loin
donc d'en être jalouse, elle s'efforçait
d'obtenir par mille prévenances quelques bonnes grâces de sa mère, et ne
s'apercevait même pas qu'elle dût à
l'injustice la nécessité de faire sa cour
pour se rendre agréable.

Le jeune Allanson souffrait de la
partialité de sa mère. Cette prévention
lui était d'autant plus sensible, qu'il
en reconnaissait l'injustice, en appré-
ciant les qualités de cœur, d'esprit et
de caractère, qui rendaient Émilie préférable à son aînée. Il ne négligeait
rien pour compenser cette partialité,
en égalisant le bien-être de deux sœurs,
par les attentions qu'il prodiguait à
Émilie, en lui obtenant de son père

tout ce que miss Allanson devait aux faveurs de sa mère.

Pendant la visite de Frédéric et d'Agnès chez leur tante, Audley qui avait refusé de les accompagner, fut, selon sa coutume, errer sur les mornes du rivage.

A l'instant où Frédéric rentrait avec sa tante Dentiffe et sa sœur, Audley, de son côté, arrivait au seuil de la porte; mais tellement absorbée dans un sentiment de mélancolie, qu'il allait traverser l'entrée de l'hôtel, sans s'apercevoir que les dames s'y présentaient au même moment.

Un *bonjour* de Frédéric le tira de sa préoccupation, et il en fit ses excuses.

Frédéric, cependant, trouvant quelque chose d'extraordinaire dans l'expression mélancolique du visage de son ami, l'attira en particulier, aussitôt leur rentrée, et le pressa de questions sur ce sujet.

Audley éluda d'abord; mais enfin l'amitié elle-même le sollicitant à la confidence qu'on lui demandait, de la manière la plus affectueuse, il fit à Frédéric l'aveu de l'amour le plus irrésistible pour Agnès, en ajoutant que le bonheur d'aspirer à elle lui étant interdit, il se trouvait le plus malheureux des hommes.

Frédéric, à cet aveu, commença par donner, d'un sourire, son approbation aux sentimens de son ami pour sa sœur, et lui demanda ensuite sur quoi était fondée la crainte de ne point réussir dans l'objet de ses vœux.

» — Mon père, dit-il, préfère les vertus aux richesses; et si Agnès partage vos sentimens, je ne vois point d'obstacle au bonheur auquel vous aspirez.

» Il en est d'insurmontables, reprit Audley ; car la félicité même d'un retour d'affection de la part de votre aimable sœur n'influerait en rien sur mon sort? Qu'ai-je à offrir à une femme pour garant de son bonheur, dans une union telle que le mariage? Les besoins d'une famille à naître doivent être le premier objet des réflexions de l'homme qui pense à prendre une épouse. Certes, la femme qui aime, a la générosité de ne point calculer la fortune de l'homme que son cœur lui a fait choisir ; mais c'est à lui d'apprécier tous les devoirs que lui impose le titre d'époux. Je ne consentirai jamais à imposer la médiocrité à une femme née dans l'opulence ; cette renonciation fût-elle de son choix le plus absolu. Mes principes sont invariables là-dessus. Aussi, ai-je toujours repoussé toutes prétentions sur le cœur de votre adorable sœur, et rien ne lui a jamais donné lieu de présumer que je l'aimasse ».

Elle le saura de moi, répartit Frédéric. Je n'aurai point à me reprocher d'avoir pu faire le bonheur du meilleur de mes amis, et je n'éprouverai pas le regret de ne m'être point procuré en lui le plus tendre frère ».

— « Frédéric !.... reprit Audley d'un ton sérieux, songez que c'est de moi que vous tenez mon secret, et que vous n'en êtes point le confident pour vous en trouver le maître. Votre sœur ne sera jamais mon épouse. La fortune, en m'enlevant l'opulence que mes ancêtres tenaient d'elle, m'a condamné au célibat ; et quoique la sensibilité de mon cœur me fasse envisager comme le plus grand malheur la renonciation volontaire aux affections tendres que fait goûter l'union conjugale, je suis irrévocablement décidé à m'imposer ce sacrifice. Ne voulant point augmenter le tourment de mon âme par la présence continuelle de l'objet d'une passion fatale à mon repos, mon départ est résolu, et je l'effectue demain même. Recevez mes adieux, mon cher Frédéric, en me promettant le secret le plus inviolable de ma confidence ».

— « Je vous promets ce secret, mon cher et tendre ami, mais pour dieu ne partez pas !..... »

— « Mon éloignement est nécessaire. Croyez que je partage toute la tendresse qui vous rend sensible à mon départ ; mais je souffre trop de mon séjour ici ».

Ils rentrèrent pour le dîner, et Frédéric donna la nouvelle du départ de son ami devenu celui de toute la famille.

Chacun s'efforça d'obtenir de lui qu'il restât ; mais ce fut en vain.

Agnès qui avait toujours vu en lui
un être que son extrême sensibilité ren‑
dait continuellement souffrant, lui por‑
tait une vive affection, et son départ
lui causa une grande impression de
peine qu'elle ne dissimula point.

La bonté du cœur de l'aimable fille
faisait tous les frais de l'attachement
qu'elle ressentait pour lui; car Audley
retenu par sa défiance de lui même et
ses principes, n'ayant point cherché à
lui faire naître des sentimens de prédi‑
lection en sa faveur, lui avait laissé
ignorer ce qu'il éprouvait pour elle.
Dès lors, il ne s'était point attiré de sa
part cette attention particulière qui dis‑
pose à l'amour.

Les adieux d'Audley, à la famille qui
l'avait si amicalement accueilli et traité,
eurent toutes les expressions réunies
de la tendresse et de la gratitude.

Ceux qu'il reçut, le convainquirent que l'on avait pour lui l'attachement qu'inspire un parent chéri. Quant à Frédéric et Agnès, ils lui montrèrent tellement de regret de le voir partir, qu'ils augmentèrent celui dont son cœur était oppressé.

Lorsque cette pénible séparation fut enfin consommée, Agnès tout émue de tristesse se retira dans son appartement, pour chercher quelque consolation dans le plaisir d'écrire à Hélène.

— Elle fit à son amie le récit de tout ce qui s'était passé depuis leur séparation, et quand elle vint à parler de la catastrophe de Fairfax, l'étreinte de sensibilité qu'elle éprouva, lui fit tomber la plume de la main.

— Malheureux Fairfax! s'écria-t-elle, toi dont le cœur tendre est en contact avec toute la nature; toi qui ne vois rien avec indifférence; pour qui une

imagination ardente fait de tout un objet de jouissance ou de peine ; toi enfin
dont l'ame sensible vibre à la voix de
tous les infortunés ; te voilà donc dés-
hérité du droit d'être leur consolateur
et leur soutien. C'est là sans doute ce
qui te rend si douloureux le changement de ta fortune ; car ton courage
est au-dessus de la puissance du sort,
et tu braverais son courroux, si le malheur qu'il t'impose, ne te privait point
de faire des heureux ! Ah ! puissé-je
voir la félicité succéder bientôt à l'infortune qui t'accable ! combien mon
cœur jouirait de cette réparation des
torts de la fortune envers toi !.....

Dans l'instant où s'exhalaient de son
âme émue toutes ces plaintes et ces
vœux sur le sort de Fairfax, elle aperçut
parmi les papiers qu'elle avait sur la
table, une écriture étrangère.

Ayant pris la feuille qui lui offrait ces

caractères, elle y trouva à son adresse
les couplets suivans :

Avec l'alouette légère,
Souvent je vois l'aube du jour;
Et lorsque son vol solitaire
Porte aux cieux des fredons d'amour,
J'aperçois le tendre feuillage
Verdir sur le jeune églantier,
Tandis qu'aux champs la fleur sauvage
Orne le duvet printanier.

Bientôt l'horizon se colore
Des reflets de l'astre des cieux,
Et déjà les pleurs de l'aurore
En perles brillent à mes yeux.
Le laboureur à sa charrue,
En sifflant, conduit ses chevaux;
Et le pâtre, observant la nue,
Chante, et réveille les échos.

Dans le mois que parfume Flore,
L'aubépine étalant sa fleur,
A travers cent dards la colore,
Et lui garantit sa fraicheur.
Mais à la charmante églantine,
Qu'aux bois laissa l'art ravisseur,
Tout cède : on brave son épine
Pour respirer sa douce odeur.

Agnès, de la rose sauvage,
Dont l'éclat charme le regard,

La nature fit ton image,
Puisque tu sais plaire sans art.
Près des champs tu naquis comme elle ;
A l'abri d'un air corrupteur ;
C'est par tes graces qu'elle est belle :
Son incarnat peint ta candeur.

Agnès ne sut comment expliquer l'existence de ces vers dans ses papiers, où elle ne les avait jamais vus ; et tandis qu'elle épuisait son imagination en conjectures, elle vit sur le parquet une carte à vignette, qu'elle se rappela être tombée du feuillet qu'elle tenait, à l'instant où elle l'avait tiré de ses papiers.

Elle ramassa cette carte, et y trouva, à sa grande surprise, le nom de Mélincourt.

Cette carte lui dévoila tout le mystère, et lui fit connaître que Mélincourt lui avait fait l'hommage secret de ces couplets, au moment où il avait tiré son porte feuille pour lui montrer un paysage.

Elle allait descendre pour faire part de cet évènement à Frédéric, lorsqu'elle entendit une voiture s'arrêter sous sa fenêtre, donnant immédiatement au-dessus de la porte de l'hôtel.

Elle courut voir qui venait en visite chez sa mère ou sa tante; mais quelle douce surprise elle éprouva, en reconnaissant son bon père, au premier regard qu'elle jetta de sa croisée !

Elle descendit précipitamment en faisant retentir la maison de ses accens de joie, et bientôt toute la famille fut réunie pour goûter le plaisir dont elle avait donné le signal.

Chacun voulait avoir le premier baiser de M. de Saint-Julien, et lui-même ne savait dans quel ordre distribuer ce témoignage de tendresse, pour y trouver plus de jouissance, car tout le monde lui était également cher.

Lorsqu'il eut récolté toutes les caresses

de sa famille , donné les siennes en échange, et fait les questions les plus pressantes sur la santé, le bien-être et les plaisirs de chacun d'eux , il annonça n'être arrivé que pour satisfaire l'impatience de revoir sa chère famille , et repartir après quelques jours de résidence à Rockbeach ; ses affaires n'étant point terminées.

Madame de Saint-Julien, à ces mots, déclara l'intention formelle de le suivre; et quoiqu'il s'y refusât en faisant valoir le motif des soins qu'elle devait à sa santé, il ne put la faire départir de cette volonté. Il fut donc décidé qu'elle l'accompagnerait , et lady Dentiffe ne pouvant abandonner les lieux où lady Allanson était venue la rejoindre , l'on résolut qu'elle y resterait avec Frédéric et Agnès.

Toutes ces dispositions arrêtées , lady Dentiffe informa M. de Saint-Julien , que lady Allanson prétendait qu'il lui fît une visite avant de venir chez lui.

Présumant l'un et l'autre que cette entrevue se passerait mieux entre eux, qu'en présence d'un tiers, il se disposa à sortir seul pour faire cette démarche, envisagée comme un moyen possible de raccommodement.

Après quelques momens de repos et de joie, au milieu de sa famille, il demanda l'adresse de lady Allanson, et partit.

Agnès, en revoyant son père, s'était livrée uniquement au plaisir de son retour, sans que l'idée de Mélincourt, et le souvenir des vers qu'il lui avait adressés, vinssent s'y mêler ; mais lorsque M. de Saint Julien fut sorti, son esprit lui rappela le charmant jeune homme et la galanterie qu'il lui avait faite.

Son innocence était telle, cependant, que son cœur ne lui rendait

point raison de cet hommage. C'é-
tait avec la même simplicité qu'elle
pensait au retour prochain de l'auteur
de cette galanterie, et qu'elle trouvait
du charme à l'idée de n'avoir point à
quitter Rockbeach, pendant qu'il y faisait un nouveau séjour. Tandis qu'elle
était ainsi préoccupée, un domestique
lui apporta une lettre d'Hélène.

— » Voici, ma chère Agnès, lui
mandait-elle, la seconde lettre que vous
recevez de moi, sans que vous m'ayez
écrit.

» En vérité, je me fâche, et je suis
tentée de ne vous pardonner qu'autant
que je vous sache morte....

» Si, cependant, vous n'avez point
cette excuse à faire valoir dès-à-pré-
sent, ne vous tuez pas pour vous la
procurer ; car indépendamment de ce
que les réparations trop réfléchies perdent de leur mérite expiatoire, je suis

assez aise de prouver à cent amoureux, qui, tout en m'adorant, me croient méchante, que je suis encore plus indulgente que vous n'êtes coupable.

» Sans doute, Frédéric use en affranchi de la liberté que je lui ai donnée de porter à miss Ledland les hommages d'un cœur dont il m'avait fait la dédicace....

» Vous voyez, ma chère, que je ne reçois ni les sermens ni les vœux, que l'on ne me saurait tenir; et que différente en cela de l'église papale, je n'aurai jamais d'amans comme elle a des moines.

« Papa ressemble un peu aux gens qui se font mal, en frappant les autres. Il a prétendu me punir en me ramenant dans ce triste séjour, et il y rencontre tout l'ennui qu'il voulait m'y faire éprouver.

» Il ne sait que faire pour vider, de

bonne grâce, le calice d'amertume auquel il me condamne à boire avec lui.

» Pour diminuer un peu, cependant,
ces ennuis volontaires, il a imaginé de
voir grand monde ; et semblable au
riche de l'évangile, il compose sa table
et son salon, de tous les gens qu'il
peut réunir.

» Cette fureur de voir de nouveaux
visages va si loin, qu'aux heures des
repas, il envoie ses domestiques sur
les grandes routes pour sommer les
voyageurs qui s'y montrent en chaise
de poste ou autres voitures particulières, de venir prendre place à sa table.

» Je ris sous cape des ressources qu'il
est obligé d'employer pour ne pas
souffrir plus que moi-même, de la pénitence qu'il m'a imposée ; mais entrant d'ailleurs dans ses intentions de
plaisir, j'attire au château tout ce qu'il

y a dè supportable à voir, à la distance
de vingt milles à la ronde.

» Les journaux parlent de nos cercles,
comme les almanachs des éclipses; et
si vous n'étiez point réduite à voir chez
votre cher papa les seules feuilles po-
litiques, certaines autres vous appren-
draient que tel jour lord Welraydon
avait chez lui une société de vingt ducs,
trente duchesses, quatre-vingts comtes,
comtesses, baronnets, écuyers, cheva-
liers, sans mentionner le fretin des
simples gentilshommes, ni les étrangers de toutes nations, et de tous éta-
ges, racollés sur les grands chemins.

Vous vous ennuieriez bientôt et beaucoup au milieu de ces échantillons de
l'univers social; mais pour moi, les ridi-
cules que je trouve dans les uns, et l'esprit aimable que je rencontre en d'autres,
me dédommagent de me voir presque
toujours dans un monde inconnu, où la

variété des personnages offre un si vaste champ aux observations et à la critique, mon plus doux passe-tems.

» Toute ma crainte, en venant ici, était de me voir punie par où j'avais péché. Par conséquent, je redoutais que mon père ne rappellât Marigold ; mais ma bonne étoile m'a sauvé cette pénitence, et cela m'aide à supporter patiemment celle qui m'est infligée.

» Adieu, ma chère amie..... Je vous embrasse comme je vous aime, et me rappèle au souvenir de toute votre respectable famille.

» J'attends de vos nouvelles, et j'espère qu'enfin je n'en souhaiterai plus vainement... Mille amitiés à votre frère, à son pilade et à M. Fairfax «.

Hélène VELRAYDON.

Agnès répondit de suite à son amie par une très-longue lettre, qui l'infor-

15.

mait de tout ce qui s'était passé à Rockbeach depuis qu'elle en était partie. Elle allait clore son épître, lorsque la voix de son père lui fit quitter son appartement, pour apprendre le résultat de sa visite chez lady Allanson. Elle sut que l'entrevue, d'abord, s'était passée de la part de lady Allanson, avec ce cérémonial excluant toute intervention du cœur, dans les rapports que certaines convenances nécessitent. Quant à M. de Saint-Julien, opposant par calcul la réserve à l'orgueil de sa sœur, il avait composé ses manières et ses discours sur toutes les nuances de la réception qu'on lui faisait.

Lady Allanson, voyant que ses airs de grandeur étaient réprimés par la dignité froide de son frère, avait enfin changé de ton, au point qu'à leur séparation elle l'informa que son intention était de lui faire, le jour même, une visite avec toute sa famille.

Agnès, impatiente de savoir ce que son père pensait de son cousin et de ses cousines, le questionna à leur égard.

— « Miss Allanson, lui répondit-il, me paraît être un calqué sans esprit, du caractère de sa mère.

» Le major, j'en suis sûr, réunit la dignité de l'âme à l'aménité du cœur et à l'amabilité de l'esprit. Il fera honneur au poste éminent qu'il occupera un jour. Quant à sa jeune sœur, on la croirait étrangère à sa mère, autant par le peu de soin que celle-ci lui marque, que par l'extrême dissemblance de leur caractère et de leur esprit. Sans doute, cette aimable personne n'a point été formée par les mains maternelles; car rien en elle ne porte le cachet d'une telle éducation.

Les yeux de Frédéric étincellèrent de plaisir à cet éloge, que son cœur commentait avec délice, et il témoigna la plus grande joie de ce que sa charmante cousine était aussi favorablement jugée par son père que par lui-même.

La visite de lady Allanson chez son frère était une obligation de civilité, que l'usage des convenances de société lui rendait facile à remplir ; mais sa fille aînée n'ayant point assez vieilli dans le monde, pour avoir acquis le degré de dissimulation qui constitue la politesse transcendante, souffrait de contraindre son orgueil à un devoir de forme.

D'un autre côté, son amour-propre se révoltait à l'idée de n'avoir pas plus de part à la considération de madame de Saint-Julien et de ses enfans, qu'ils n'en obtenaient d'elle. Elle présumait que cette représaille la frustrait d'un hommage mérité par les droits de la naissance. C'est d'après ce système qu'elle se conduisit dans la visite où elle accompagna sa mère ; mais comme tout le monde fut indifférent à ses intentions, elle eut seule un sujet d'humiliation dans le peu de compte qu'on lui en tenait.

Le major Allanson et sa sœur Emilie reçurent l'accueil le plus amical de toute la famille de leur oncle Saint-Julien.

Le rapprochement de convenance qui venait de s'opérer autorisant les jeunes gens à se voir autant que leurs dispositions particulières les y portaient, ils résolurent de vivre dans l'intimité la plus grande.

A peine M. de Saint-Julien eut-il passé quelques jours dans sa famille, qu'il annonça son départ.

Le matin du jour fixé pour son nouveau voyage, il fit venir Frédéric,
ainsi qu'Agnès dans son appartement,
et leur tint ce discours :

— « Vous connaissez trop , mes
chers enfans , la tendresse que vous
m'inspirez , pour que j'aie à vous l'ex-
primer par le regret de ma nouvelle
absence. Lady Dentiffe est le seul être
au monde pour qui je consentisse à me
priver de vous ; encore ne lui fais-je ce
sacrifice que par la certitude de vous
voir trouver en elle toute ma tendresse
pour vous. Je me flatte, mes enfans ,
que mon absence ne changera en rien
les principes que je vous ai donnés
pour régler votre conduite. Prenez
conseil de votre tante dans toutes les
circonstances où vous éprouverez le
besoin des miens. Votre tante est sage ,
expérimentée , et vous aime tendrement. Il n'en faut point davantage pour

qu'elle puisse vous diriger dans toutes les situations où vous vous trouverez.

J'ai déféré, mon cher Frédéric, à la demande que votre tante m'a faite de vous conserver près d'elle tout le temps des vacances ; mais à condition que chaque semaine vous donnerez cinq matinées à l'étude, sous la direction exclusive de votre précepteur. Quant à vous, ma chère Agnès, vous accompagnerez votre tante à Londres. Songez que vous verrez là des mœurs en contradiction avec les principes que je vous ai donnés, et que d'après cela vous devez toujours vous observer, pour que le mauvais exemple n'altère point votre cœur. Ne perdez pas de vue que toutes les actions de l'homme, pour être louables, doivent s'accorder avec les devoirs de la morale. Sans doute vous verrez le plus grand nombre agir d'après une religion contraire, mais ne

voyez-vous pas aussi la mode de se peu
vêtir, prévaloir sur les conseils des médecins, malgré les funestes effets résul-
tant de l'inobservation de leur doctri-
ne?... Ne vous laissez point imposer
par l'éclat des richesses, dont la capitale vous donnera le spectacle... La li-
mace de mer, habitant une éclatante
conque de nacre, n'occupe, dans la hiérarchie des êtres, que le rang subal-
terne dévolu à l'huitre, renfermée dans
sa coquille grossière. Il en est de même
parmi nous, de ceux qui sont dénués
de mérites et de vertus; leur richesse
ou leur indigence ne les classifie pas
d'une manière différente dans notre
estime. Le bonheur n'existe point dans
le faste ; l'on pourrait même dire que
celui-ci lui est au contraire nuisible, en
mettant l'homme opulent dans la dépendance d'un plus grand nombre d'objets agissant sur son être, et par consé-

quent influant sur sa félicité, comptez
donc pour rien la fortune, et pour tout,
les qualités de l'âme et de l'esprit. Votre
tante paraît vous destiner, ainsi que
votre frère, à tenir un haut rang dans
le monde, en vous aidant de son immense fortune. Je vous verrai avec
plaisir dans la prospérité, mais ce ne
sera qu'à condition de vous trouver
toujours fidèles aux devoirs dont l'ob-
servance constitue l'être estimable dans
la société. Je bornerai à ce que je viens de
vous dire, mes chers enfans, les ins-
tructions que je voulais vous donner
avant mon départ. Le bon naturel que
je vous connais, vous les rend suffisan-
tes pour votre bonne conduite en tous
points. Venez que je vous embrasse.....
je m'afflige d'avoir à trouver dans cette
seule étreinte l'unique dédommagement
d'une séparation de plusieurs mois.

Aguès et Frédéric ne reçurent point

d'un œil sec les embrassemens de leur père, malgré le tableau riant des plaisirs qu'ils allaient goûter en son absence et celle de leur bonne mère.

Bientôt l'heure du départ arriva, et des larmes abondantes signalèrent les adieux les plus tendres que puissent se faire des êtres aimans contraints de se séparer.

CHAPITRE XXI.

DEPUIS le jour où Fairfax avait rendu Agnès confidente de ses peines, elle ne l'avait ni rencontré nulle part, ni vu chez elle. Elle pensa que peut-être il regrettait de lui avoir donné sa confiance ; et en réfléchissant que, par respect pour ce secret, elle n'avait fait aucune mention de lui dans sa lettre à Hélène, elle s'applaudit de mériter la confidence dont son cœur était dépositaire. Pendant qu'elle promenait ainsi ses idées, ses yeux errans aperçurent à la glace de sa cheminée la carte de visite qui lui avait fait reconnaître Mélincourt pour l'auteur des couplets trouvés par elle dans ses papiers. Desirant relire ces couplets, que cependant sa mémoire lui rappelait bien fidèlement, elle s'approcha de la table pour prendre un porte-feuille où elle les avait mis, mais ce fut en vain qu'elle le chercha. Il contenait aussi la lettre d'Hélène, deux autres de Frédéric, des notes à lady Dentiffe, et divers papiers dont la perte lui était fort sensible. Elle sonna Jeannette pour lui demander des nouvelles du porte-feuille, mais celle-ci n'eut aucun renseignement à lui en donner.

Agnès interrogeait tous les domestiques de la maison, pour tâcher de se procurer des nouvelles de l'objet perdu, lorsque le marteau de la porte an-

nonça une visite. C'était Fairfax accom-
pagnant miss Ledland.

— « Où donc existez-vous, ma chère,
dit celle-ci à Agnès, depuis un siècle que
je ne vous ai vue? Quant à moi, je
vous eusse fait des visites depuis lors,
sans ce maudit Weber, qui paraît n'a-
voir journellement été mon Sygisbé,
que pour me conduire à contre-sens de
ma volonté. J'ai échappé ce matin à ce
mauvais génie, sous les auspices d'un
bon, qui s'est fait un plaisir de m'amener chez vous, autant pour sa propre
satisfaction que pour la mienne. »

Agnès, après avoir répondu aux com-
plimens de miss Ledland, l'informa de
la contrariété que lui faisait éprouver
la perte de son porte-feuille.

A peine eut-elle exprimé sa sensibilité à cet évènement, que Fairfax lui
dit avoir l'objet dont elle regrettait la
perte. Alors il l'informa qu'étant venu

la veille pour lui faire une visite, il trouva sur l'escalier de l'hôtellerie un joli petit chien, jouant avec le porte-feuille, dont sûrement il s'était emparé dans l'appartement, et qu'après l'avoir ramassé le reconnaissant pour être à elle, il s'était présenté pour la voir, mais qu'il avait appris sa sortie. A cette annonce, ajouta-t-il, il avait demandé la femme-de-chambre pour lui remettre le porte-feuille; mais ayant su qu'elle était pareillement absente, il avait renvoyé au lendemain la remise de l'objet, ne voulant point le faire passer par des mains étrangères.

Agnès rougit à la vue de son porte-feuille, imaginant que les papiers qu'il contenait pouvaient avoir été vus.

Miss Ledland, interprétant cette rougeur d'une manière plus extensive, crut que le porte-feuille renfermait quelque secret amoureux.

— « Ha ! je vois, lui dit-elle : la protection de la petite serrure d'or de ce charmant meuble ne vous rasssure point contre les entreprises des curieux... Ne vous alarmez point ; les indiscrets, malgré leurs intentions malicieuses, vous feraient plus de bien que de mal, puisqu'ils vous tireraient de l'obscurité, en vous faisant partager la renommée de beautés célèbres, parmi lesquelles une charmante personne comme vous ne peut être inscrite trop tôt. Les amans sont presque toujours discrets, et sans les curieux, le nom même des plus grandes beautés resterait enseveli. L'on ne parle d'une femme que lorsqu'on peut lui citer un amant. Le premier pris sert d'appeau pour attirer au piége les autres, et former le brillant disque qui fait remarquer le nouvel astre.

Agnès reçut d'assez mauvaise grâce les consolations de miss Ledland ; mais

Fairfax, en lui donnant respectueusement sa parole que le porte-feuille n'a-
vait été ouvert par personne, lui rendit
toute sa sécurité.

Les réflexions de Miss Ledland faisant sentir à Agnès le danger des inter-
prétations, elle ne voulut point que l'on
pût attribuer son trouble à la cause que
celle-ci en avait donnée. Elle ouvrit en
conséquence le frêle secrétaire, et montra qu'il contenait seulement deux ou
trois lettres, quelques notes, et enfin
les couplets qu'elle déploya d'une manière indifférente, pour qu'il ne vînt à
l'esprit de personne d'en demander la
lecture.

Agnès, tranquillisée sur l'évènement
de son porte-feuille, porta toute sa sollicitude sur les intérêts de Fairfax,
malgré qu'elle lui trouvât sa gaîté accou-
tumée.

Elle attendait avec impatience le terme

de la visite de miss Ledland, espérant qu'il resterait pour l'informer de ce qui pouvait lui être survenu, depuis leur dernier entretien; mais lorsque miss Ledland prit congé, elle le vit disposé à l'accompagner. Quand elle fut seule, elle réfléchit sur la conduite de Fairfax, et se persuada, ou qu'il se repentait de l'avoir rendue dépositaire de ses secrets, ou que peut-être son sort était changé par la sollicitude du protecteur auquel il s'était adressé. Cette dernière idée la consolant, elle s'y arrêta, et trouva un extrême plaisir à penser qu'un homme tel que Fairfax n'eût point été long temps malheureux, puisque son infortune personnelle était une lacune dans la félicité de ceux qui existaient de ses bienfaits.

Le jeune Allanson ne quittait plus Frédéric, et souvent lady Dentiffe mangeait chez sa sœur avec ses deux pupilles.

La même invitation leur avait été faite de la part de lady Allanson, le jour de la visite de miss Ledland et de Fairfax; mais lady Dentiffe se trouvant incommodée avait refusé, et Agnès ayant prétendu lui tenir compagnie, Frédéric seul fut le convive de sa tante.

Lady Dentiffe se retira de bonne heure; et Agnès, après avoir assisté à son coucher, passa dans son appartement, dont les croisées donnaient sur le rivage.

Déjà toute la nature, arrachée à l'obscurité du dernier crépuscule, brillait sous les rayons de cristal de l'astre des nuits. La mer, reflétant l'horison, paraissait recéler dans ses abîmes le foyer de lumière qu'elle ne faisait que réfléchir, et les vagues transformées en miroirs liquides se balançaient en flots transparens. L'enchantement de ce spectacle engagea Agnès à s'en appro-

cher, et à le voir d'un point de perspective qui lui donnât plus d'étendue.
Elle prit une guitarre, compagne fidèle
de ses promenades solitaires dans la
vallée d'Hawtorn, et gagnant les hau-
teurs qui dominent la mer, elle choi-
sit le site le plus pittoresque, s'assit et
contempla, avec un plaisir mêlé d'effroi,
l'énorme masse d'eau que le flux et le
reflux agitaient à ses pieds avec une
majesté d'impulsion imposante. Le fa-
nal, portant au loin sa lueur enflammée,
formait un horison de feu dont les
jets flamboyans contrastaient avec les
rayons pâles et argentés de la lune. Non
loin de là, un vaisseau était à l'ancre,
et le calme ravissant de cette scène
n'était interrompu qu'à longs inter-
valles par le chant agreste du matelot
de quart. Quelle situation pour un cœur
susceptible d'enthousiasme !.....

Seul en présence de la nature, l'être

sensible embrasse l'immensité ; mais la puissance même de son imagination, loin d'entretenir en lui le fol orgueil qui fit rêver à l'homme sa souveraineté sur l'univers, lui prouve au contraire qu'il est dominé par tout ce qui l'entoure. Homme ! enfant insensé de la poussière, quoi ! ce ciel décoré de milliers d'astres est seulement à tes yeux le dais du trône d'où tu prétends régner sur la nature, tandis que c'est là même que se forme la foudre qui doit t'écraser !... Cette terre que tu regardes comme le sol immuable de ton empire, ne s'ébranla-t-elle point mille fois sous tes pas effrayés, en menaçant de t'engloutir ?..... Et cette mer qui complète selon toi tes domaines imaginaires, que peux-tu contre le moindre de ses flots poussés par la tempête ?....

Agnès, livrée à la contemplation du spectacle qui l'environnait, éprouvait un transport délicieux, dont aucune jouissance des sens n'approche, lorsqu'un mouvement machinal de sa main fit vibrer sa guitarre. *Le son que l'instrument rendit, dirigea son enthousiasme vers les charmes de l'harmonie, et elle entonna l'hymne suivante avec le ravissement dont son ame avait conservé l'impression.

HYMNE A LA NUIT.

O nuit! de ton voile argenté
Décorant toute la nature,
Quel jour égale ta beauté,
Malgré sa brillante parure?
Ton astre, ami des tendres cœurs,
A leurs plaisirs prête des charmes,
Et s'ils éprouvent des douleurs,
Il sait aussi tarir leurs larmes.

Le vulgaire en proie aux malheurs,
Sous tes doux pavots les oublie,
Et pour de plus sensibles cœurs,
Tu créas la mélancolie.
Livrés à sa douce langueur,
Ils trouvent la philosophie,
Qui bientôt extrait le bonheur
Des amertumes de la vie.

Devant toi, tous nos vains plaisirs
Perdent leur trompeuse apparence :
L'on sent le vague des desirs
Et le néant de l'espérance.
Qu'est-il au rang de tes splendeurs,
Le moindre atôme de tes astres,
De nos trônes, de nos grandeurs
Ne doit-il point voir les désastres ?

Avec toi, l'homme peut jouir ;
Il trouve dans ta solitude
Un vif et sublime plaisir
Que n'offre point la multitude.
Au pôle, Phœbus peut rester :
Je suis las de sa jouissance,
Et ne veux désormais compter
Que par les nuits mon existence.

A peine eut-elle terminé son chant, qu'elle entendit, non loin d'elle, retentir les pas de quelqu'un. Elle se lève avec effroi, mais aussitôt elle est rassurée, en entendant Fairfax lui dire de ne point s'alarmer.

— « Depuis long-temps, lui dit il en s'approchant, j'étais dans ces lieux, livré aux pensées les plus douloureuses, quand votre admirable chant vint sous-

traire mon âme à la crise d'une médi-
tation pénible sur mon sort. J'ai reçu
ce matin une lettre du duc de ****. Le
problème de l'amitié des grands est
enfin résolu pour moi. La vanité est
l'élément de leur sollicitude pour leurs
anciens amis. Impatiens de leur imposer le lien de la dépendance, ils pré-
tendent en faire des protégés pour
rompre l'égalité qui fonde les liaisons
intimes. Le duc de ***** a vu, dans mon
système d'indépendance, une fierté en
opposition avec son orgueil, et il ne me
l'a point pardonné. Mon recours à sa
protection, quand mon infortune m'en
a fait une loi, n'a été à ses yeux qu'un
hommage forcé rendu à sa grandeur. Sa
réponse, prise dans le sens le plus favorable, manifeste le mécontentement
de mon refus à ses premières offres, et
ne me permet de rien espérer qu'à un
temps éloigné, sous prétexte qu'il

n'existe maintenant nul emploi, dont il puisse disposer en ma faveur. En commettant ce langage de cour, il devient évident que le duc de ***** éprouve le plus extrême mécontentement de mon refus ; qu'il ne fera rien pour moi à l'avenir, ou qu'il me faudra recouvrer sa bienveillance par de basses sollicitations trop éloignées de mon caractère, pour être jamais le prix de l'obtention d'une place. Privé de cette ressource, cependant il ne m'en reste aucune en expectative ».

« Un oncle vieux et riche, dont je suis le seul héritier, me laisse des espérances dans l'avenir ; mais son avarice sordide ne m'autorise à rien attendre de lui avant sa mort ; car cet homme enrichi d'exactions publiques, n'a point chargé son âme de tous les crimes de la cupidité, pour faire mon bonheur, d'autant que je l'ai toujours accablé de mon mépris, et que je me trouve moi même au nombre de ses victimes, par l'abus qu'il fit d'un article du testament de mon père, pour me dépouiller d'une partie de mon patri-moine. Voilà ma situation...... Vous voyez, miss, qu'elle ne me laisse que le choix entre la misère, la plus vile dépendance, et le pouvoir que j'ai de me dérober à l'alternative de ses deux jougs honteux, par un parti violent qui n'a point même le mérite d'un acte de courage dans une telle extrêmité. C'était vers ce dernier port de l'infortune, que mes regards étaient tournés en contemplant la mer, lorsque votre chant est venu distraire mon âme de ses tristes méditations. Ah ! quelques instans plus tard, et un hymne funèbre m'eût seul trouvé sensible, s'il est vrai qu'il me reste des rapports entre les habitans de ce monde et ceux de l'éternité !..... »

— « Que dites-vous (s'écria Agnès avec l'émotion de la sensibilité et de l'effroi)? Quoi! vous conservez encore la pensée faible et coupable de votre destruction, après m'avoir promis de la chasser pour toujours de votre esprit ? »

— « Il est vrai, répondit Fairfax ; mais la réflexion me ramène aux douces consolations que vous m'avez données. Incapable de me diriger moi-même, je m'abandonne aveuglément à vos conseils ».

— « Je ne me sens point, répondit Agnès, la capacité de vous conduire seule à travers les circonstances difficiles qui vous environnent; mais si vous voulez me permettre de m'associer mon frère, je ne doute point de parvenir à changer votre sort. Frédéric est zèlé, de bon conseil, ardent à rendre service; et l'affection que je lui connais pour vous, m'assure qu'il n'est point de moyens qu'il n'emploiera, s'ils peuvent le conduire à vous être utile ».

Fairfax lui donna mille témoignages de confiance et de gratitude, en consentant à l'agrégation de Frédéric à ses secrets, et observant à son aimable consolatrice que la nuit était fort avancée, il lui offrit de la remettre à son hôtellerie.

Fairfax, en la quittant, se montra un peu plus tranquille, et elle le félicita d'avoir opéré en lui ce changement.

Lorsqu'elle rentra, Frédéric n'était point encore de retour. Elle refusa de souper, et s'étant retirée dans son appartement elle se mit à la croisée en réfléchissant au sort malheureux de Fairfax.

Le murmure des vagues fit naitre en elle une mélancolie si douce qu'elle ne pensa point à se coucher; et elle oublia même de substituer une bougie, au simple lumignon avec lequel elle était montée : de façon que, peu de temps après son entrée dans son appartement, elle se trouva sans lumière. Enfin la fatigue de l'attitude lui rendit le repos nécessaire, et s'étant retirée de la croisée ; elle se disposa à se déshabiller. A peine avait-elle ôté quelques ornemens de sa toilette, qu'elle fut attirée de nouveau à sa croisée par l'aboiement d'un chien. La croisée n'étant point encore fermée, elle y mit la tête, pour s'assurer de l'objet qui excitait l'humeur du chien ; et elle vit devant sa fenêtre un homme posté d'un air observateur. Ce personnage, sans quitter de vue la croisée, se promena quelque temps de long en large ; mais Agnès, n'osant se remettre tout-à-fait à la fenêtre, ne calculait la présence de l'incommode observateur, que par le bruit de sa marche. Après avoir été quelques instans sans rien entendre, elle allait vérifier, en regardant, si effectivement l'individu avait abandonné ses observations, lorsqu'elle entendit un frottement violent au volet de l'étage d'en bas. Une sueur froide s'empara d'elle; mais cependant elle maîtrisa sa frayeur, jusqu'au point de s'assurer en regardant par la croisée quel objet produisait le fraulement bruyant dont elle s'allarmait. Son premier coup d'œil lui fit voir, pour unique cause de son effroi, un gros chien cherchant à se rendre maitre d'un os que des enfans avaient suspendu au volet? Elle rit beaucoup du résultat de ses alarmes, et ayant refermé sa croisée, elle se soucha.

FIN DU SECOND VOLUME.

www.ingramcontent.com/pod-product-compliance
Ingram Content Group UK Ltd.
Pitfield, Milton Keynes, MK11 3LW, UK
UKHW021904070726
13613UKWH00001B/322